JOSÉ VASCONCELOS

JOSÉ VASCONCELOS

por Roberto Mares

Grupo Editorial Tomo, S.A. de C.V.
Nicolás San Juan 1043
03100 México, D.F.

1a. edición, abril 2004.

Nicolás San Juan 1043, Col. Del Valle
03100 México, D.F.
Tels. 5575-6615, 5575-8701 y 5575-0186
Fax. 5575-6695
http://www.grupotomo.com.mx
ISBN: 970-666-938-8
Miembro de la Cámara Nacional
de la Industria Editorial No 2961

Proyecto: Roberto Mares
Diseño de Portada: Trilce Romero
Formación Tipográfica: Servicios Editoriales Aguirre, S.C
Supervisor de producción: Leonardo Figueroa

Impreso en México - *Printed in Mexico*

Contenido

Prólogo

Escribir acerca de José Vasconcelos, leer reflexivamente o hablar sobre su vida y obra no es tarea fácil; el Maestro Vasconcelos se nos escurre del entendimiento como la arena entre los dedos cuando queremos tomarla en un puño y traerla a la cercanía para observarla con detenimiento.

La mayoría de las personas somos, como decía Ortega y Gasset, "yo y mi circunstancia", eso nos expresa y también nos explica como personas. Cuando se trabaja en el esbozo biográfico de un personaje de la historia, nos damos cuenta de que es frecuente y hasta normal que la circunstancia se convierta en algo más que el "yo"; sentimos que los hombres trascendentes han permitido, de extraña manera, que el yo se diluya en las circunstancias, como si la persona eclipsara su individualidad para dejar que corra el ímpetu de la historia, a pesar de sus impulsos protagónicos.

Así que, en muchos casos, por compleja que parezca ser la personalidad del biografiado basta con meterse a fondo en el contexto para que surja con claridad el texto de su vida.

Pero el maestro Vasconcelos se nos escapa de la fórmula contextual, como si en él tuviera primacía el yo sobre la circunstancia, y eso nos obliga a observar su vida como un texto realmente original. Si cayéramos en la tentación de analizar psicológicamente a Vasconcelos no quedaría más remedio que colgarle la etiqueta de "megalómano narcisista con un trastorno esquizoforme", lo que nos podría servir muy bien para encontrarle sentido a sus ideas y sus actos, por medio de un paradigma que vuelve dúctil y manejable una personalidad que en principio se nos presenta como un verdadero laberinto existencial.

Pero si hemos de ser honestos en la lectura del texto y el contexto, la visión psicologista también nos queda corta y una vez más el hombre se nos escabulle del entendimiento, afirmando con enorme originalidad su desesperante autenticidad.

Es entonces cuando empezamos a pensar en la necesidad de hacer a un lado la racionalidad y usar la imaginación como paradigma o modelo de interpretación del "fenómeno Vasconcelos", y esto lo podemos hacer por medio de un jugueteo literario, a la manera de la ciencia ficción, construyendo imaginativamente escenarios alternativos en la historia de México. ¿Qué hubiera ocurrido si Vasconcelos hubiera ganado las elecciones presidenciales de 1929?... ¿Qué hubiera pasado si Vasconcelos hubiera asumido el poder, ejerciéndolo realmente y con todo lo que él era capaz de sentir, pensar y hacer?...

Interesante ejercicio, ¿no es cierto?..., tal vez sería una buena manera de darle sentido a la presencia de Vasconcelos en nuestra historia y encontrar las señales para entender una vida que parece ir más allá de su momento, proyectándose a este futuro en el que habitamos nosotros, capaces de discernir con lucidez las huellas del pasado en el presente, pero también capaces de imaginar lo que seríamos si las cosas y las personas se hubieran conformado de distinta manera.

José Vasconcelos no fue un hombre de su tiempo, eso está claro; fue un filósofo universalista y casi un místico; pero también quiso transformar la realidad social desde la cima del poder político; eso le da una dimensión histórica que nos conduce a una reflexión insoslayable, porque

Vasconcelos va más allá de la ambición, del partidismo o el proyecto político, su pensamiento se proyecta hacia la armonía en todos los órdenes de la vida, incluyendo el social y político. Si una filosofía de esta índole no se convierte en algo real..., ¿habría que culpar a la realidad?

Roberto Mares

1

Nacimiento y misión

Su nacimiento se registra en la ciudad de Oaxaca, en la calle de la Cochinilla, Manzana 18 del cuartel primero, a las 3:30 de la tarde del 27 de febrero de 1882; su nombre completo fue José María Albino; hijo de Ignacio Vasconcelos y Carmen Calderón.

Siendo el padre un agente aduanal, la familia tenía que cambiar de residencia con cierta frecuencia, por lo que, en 1888, se traslada a Sonora, a un pueblo llamado Sásabe, tan perdido en el mapa como en los recuerdos de Vasconcelos, quien hace una rememoración poética de aquellas vivencias en la primera parte de su autobiografía:

> *Mis primeros recuerdos emergen de una sensación acariciante y melodiosa. Era yo un retozo en el regazo materno. Sentíame prolongación física, porción apenas seccionada de una presencia tibia y protectora, casi divina. La voz entrañable de mi madre orientaba mis pensamientos, determinaba mis impulsos. Se diría que un cordón umbilical invisible y de carácter volitivo me ataba a ella y perduraba muchos años después de la ruptura del lazo fisiológico. Sin voluntad segura, invariablemente volvía al refugio de la zona amparada por sus brazos. Rememoro con efusiva complacencia aquel mundo provisional del complejo madre-hijo. Una misma sensibilidad*

con cinco sentidos expertos y cinco sentidos nuevos y ávidos, penetrando juntos en el misterio renovado cada día.

En aquellos espacios desolados de la desértica frontera norte del país transcurre su primera infancia. Como para todo niño pequeño, la madre tiene un valor fundamental, pero en un pueblo pequeño, en un paraje apenas habitado en medio del desierto de Sonora, la madre lo es todo, es hogar, seguridad, consuelo, y sobre todo es una sensación de estructura y solidez, una defensa contra la irrupción de lo caótico, de lo salvaje, representado por la amenaza constante de los indios apaches, quienes ocasionalmente incursionaban en aquellos poblados a uno y otro lado de la frontera, y que fueron uno de sus grandes miedos infantiles.

Mi madre retiene en sus rodillas el libro de Historia Sagrada. Comenta la lectura y cómo el Señor hizo al mundo de la nada, creando primero la luz, en seguida la tierra, con los peces, las aves y el hombre. Un sólo Dios único y la primera pareja en el Paraíso. Después, la caída, el largo destierro, y la salvación por la

José Vasconcelos nació en la ciudad de Oaxaca el 27 de febrero de 1882.

obra de Cristo... Alabarlo, he aquí el propósito del hombre sobre la tierra. Dar a conocer su doctrina entre los gentiles, los salvajes; tal es la suprema misión.

Al observar el desarrollo vital de Vasconcelos, no podemos dejar de advertir que esa misión se encuentra presente en el fondo de su alma, o en el trasfondo de su conciencia; de alguna manera, y seguramente con el mensaje de Cristo como argumento fundamental, los salvajes han de ser redimidos y llevados al orden, a la trascendencia espiritual.

Si vienen los apaches y te llevan consigo —le decía su madre—, *tú nada temas, vive con ellos y sírvelos, aprende su lengua y háblales de Nuestro Señor Jesucristo...* Aquellos salvajes no secuestraron nunca al niño José, pero el consejo de la madre prevaleció en su mente, como una de las fuerzas formativas de una compleja personalidad, que tendría en la religiosidad y el pensamiento discursivo sus dos más sólidos pilares.

2

Entre dos mundos

Del inhóspito pueblo de Sásabe, la familia se traslada a El Paso del Norte (hoy Ciudad Juárez), y de ahí a Piedras Negras, colindante con la ciudad norteamericana de Eagle Pass, donde José es matriculado en la escuela. Es precisamente en esta experiencia de educación fronteriza y bilingüe donde se genera la sensación de ambivalencia cultural que dará lugar a su primera y más trascendental opción: el nacionalismo, que sería uno de los rasgos distintivos de su personalidad y ciertamente la marca distintiva de su pensamiento. En estos primeros años en la escuela norteamericana su nacionalismo se finca solamente en la afirmación de su propia identidad, frente a "lo otro" que representa el idioma y las costumbres de los niños sajones, que eran tan inmigrantes como él, pero cuyos padres se habían asentado con seguridad en un territorio que, no hacía mucho tiempo, había sido parte de México, por lo que, tal vez, el pequeño José asumía en despojo como un personal agravio y en muchas ocasiones tenía que defender sus ilusorios derechos a golpes con sus compañeritos norteamericanos. El nacionalismo que se le impone en esta vivencia fronteriza es obviamente visceral, poco racional, pero extraordinariamente significativo, pues se manifiesta como una necesidad casi física de autoafirmación, lo que es más que una opción, es un mecanismo de subsistencia anímica, al igual que lo fue la religión con respecto al miedo a los apaches.

Rápidamente obtiene el dominio del idioma inglés y la fuerza de los puños se va transformando en la supremacía intelectual. Su inicio en la lectura fue con *La Iliada,* la gran epopeya de Homero, que fue el primer libro que le permiten sacar de la pequeña biblioteca de la escuela y llevar a su casa, y seguramente también lo llevó a lo más profundo de su mente y ahí se constituyó en el motor de sabiduría y conciencia. Es altamente significativo el conocer que fue precisamente este libro el primero de la lista de publicaciones que hiciera Vasconcelos en su célebre campaña de lectura popular, cuando asumió el cargo de Secretario de Educación Pública. También obtiene libros referentes a la conquista y colonización de México, tema que, para sus maestros sajones, también formaba parte de la historia de los Estados Unidos, y en este sentido descubre algo que también sería importante para la construcción de su estilo de asumir el nacionalismo:

> *Era singular que aquellos norteamericanos, tan celosos del privilegio de su casta blanca, tratándose de México, siempre simpatizaban con los indios, nunca con los españoles. La tesis del español bárbaro y el indio noble no sólo se daba en las escuelas de México; también en las yanquis. No sospechaba, por supuesto, entonces, que nuestros propios textos no eran otra cosa que una paráfrasis de los textos yanquis y un instrumento de penetración de la nueva influencia.*

Su primera y más penetrante incursión en la historia de México la obtuvo de dos obras que le había regalado su padre: *México a través de los siglos* y la *Geografía y Atlas* de García Cubas, lo que le dio una visión casi geométrica de la configuración de México, en su dinámica de crecimiento y evolución, desde la época prehispánica hasta la independencia y un poco más allá, hasta lo que en ese momento representaba su principal conflicto de identidad, su enfrentamiento con la cultura "texana", que en esos momento se perfilaba como dominante, no sólo para él, como pequeño representante y defensor de una nacionalidad, sino para la historia misma, como si el futuro estuviese comprometido con el pasado y el destino de México estuviese marcado con el signo del avasallamiento. La concepción vasconceliana de la historia de México, más tarde convertida en una intrincada filosofía, tiene sus orígenes en aquellos primeros estudios históricos y geográficos, ciertamente marcados por la "experiencia fronteriza", por estar ubicado física emocional e intelectualmente entre dos mundos y de cara a un futuro que parece condicionado fatalmente a la sumisión:

> *...Enseñaba también el García Cubas, gráficamente, el desastre de nuestra historia independiente. Describe las expediciones de Cortés hasta La Paz, en Baja California, las de Albuquerque por Nuevo México, y la cadena de misiones que llegaron hasta encontrarse con las avanzadas rusas, más allá de San Francisco. Señala en seguida pérdidas sucesivas. Un patriotismo ardoroso y ciego proclamaba como victoria inaudita nuestra emancipación de España, pero era evidente que se consumó por desintegración, no por creación. Las cartas geográficas abrían los ojos, revelaban no solamente nuestra debilidad, sino también la de España, expulsada de la Florida. Nuestra nación sacrificada y millones de mexicanos suplantados por el extranjero en su propio territorio, tal era el resultado del gobierno militarista de los Bustamante y de los Santa Anna y los Porfirio Díaz. Con todo, llegaba el quince de septiembre y a gritar junto con los yanquis mueras al pasado y vivas a la América de Benito Juárez, agente al fin y al cabo de la penetración sajona... Por encima de los mentirosos compendios de historia patria, los mapas de*

García Cubas demostraban los estragos del caudillaje militarista.

El episodio de su alteza serenísima Santa Anna rindiéndose a un sargento yanqui nos era restregado en la clase de historia texana y un dolor mezclado de vergüenza enturbiaba el placer de hojear nuestro atlas querido. Mientras nosotros, ufanos de la "Independencia y de la Reforma", olvidábamos el pasado glorioso, los yanquis, viendo claras las cosas, decían en nuestra escuela de Eagle Pass: "When Mexico was the largest nation of the continent"... frente al mapa antiguo, y después, sin comentarios: "present Mexico".

Es que esos fronterizos no conocen el interior ni la capital –decía el padre–... *no niego que han traído ferrocarriles, pero eso no quita que sean unos bárbaros... ¡Nos han ganado porque son muchos!...*

Yo interiormente pensaba –dice Vasconcelos– ...*"Es que a mí me han pegado, y fue uno solo" ...No, cobardes no eran... Bárbaros quizás; en eso también mi madre estaba de acuerdo; sus ideas sobre la cultura del norte casi no habían cambiado desde que tomó apuntes en la escuela particular de Tlaxiaco. Escritos en un papel amarillento, los revisé poco después de su muerte. "Al sur de México, decían, está Guatemala, nación que en cierto momento estuvo unida a la nuestra, y al norte habitan unos hombres rudos y pelirrojos que suben los pies a la mesa cuando se sientan a conversar y profesan todos la herejía protestante"... El prejuicio patriótico cegaba a mi padre. Mi madre tenía motivos más hondos para desconfiar del progreso del norte: eran protestantes, y el verme obligado a tratarlos extremaba su afán de arraigar en mí la fe católica. Su pequeña biblioteca ambulante contenía dramas de Calderón en cantos dorados, un Balmes, un San Agustín y un volumen de Tertuliano... Alguna vez me hizo leerle "La vida es sueño", pero el libro preferido de nuestras veladas de Piedras Negras era "La his-*

toria de Jesucristo, de Lous Veillont, con láminas a colores... Ya no le preocupaba la posibilidad de la pérdida física, como en los tiempos angustiosos de Sásabe; pero ahora estaba atenta al peligro del alma, lanzado ocho horas al día entre herejes de escuela extranjera.

En aquella época, su interés principal era la lectura, en las calurosas vacaciones de verano se pasaba las tardes enteras en el porche de su casa, leyendo; y entonces pensaba, según relata, que ningún niño de uno y otro lado de la frontera había leído tanto como él, lo que revela ya una tendencia a la soberbia que, aunque refrenada durante su vida, también es parte de su compleja personalidad.

3

Orden y armonía

Sus estudios los alternaba con prácticas religiosas a las que lo incorporaba su madre como una especie de contraveneno para paliar el posible efecto corrosivo del protestantismo en el alma tierna del niño, quien asistía de buen grado y manifestando devoción a los oficios religiosos; todas las tardes se rezaba el rosario en la casa, con sus largas letanías que la madre sabía decir en latín; por supuesto, no faltaban las oraciones de la mañana y la noche, al acostarse.

Esa sensación de orden monástico se proyecta en la filosofía vasconceliana de una manera clara; ya no como un orden ritual rígido y preestablecido, sino como una necesidad de encontrar la armonía y el concierto delante del desequilibrio, e incluso el caos que puede resultar de una falta de organización en el discurso y transcurso de la vida.

Esta mística armonía de la religiosidad materna, y sobre todo el orden y la seguridad que de ello se deriva, se traduce en la mente de Vasconcelos como "armonía", lo que probablemente genera el paradigma central de su pensamiento: la estética.

Al parecer, para el niño José, la historia personal y social, la vida como algo objetivo, quedaba en un plano inferior al espiritual o filosófico; bajo la amorosa tutela ideológica de su madre, el niño pensaba que:

...El patriotismo y la historia, bien vistos, eran vicisitudes secundarias de los pueblos. Las playas que cuentan, pensaba, no son las del Golfo de México, ni las del Mar de Cortés, sino aquéllas del Norte de África, en las que el angelito se le apareció a San Agustín para disuadirlo del empeño de explicar los misterios de la fe. Cogía en su cántaro agua de mar y la echaba en un pequeño agujero. "¿Qué haces –preguntó el santo–. Lo mismo que tú –replicó el ángel–; estoy echando el mar en este agujero..."

Por lo visto, ya en esos tiempos, soñaba con llegar a ser "filósofo", palabra que sentía cargada de trascendencia y misterio; en una ocasión, pregunta a su madre: *Mamá, ¿qué es un filósofo?*, y ella le responde: *Filósofo es el que se atiene a las luces de la razón para indagar la verdad. Sofista es el que defiende lo falso, por interés o por simple soberbia.*

En esta niñez "fronteriza" de Vasconcelos, sin duda está la semilla de lo que fuera un sofisticado sistema de pensamiento filosófico y una actitud ideológica que se mantuvo en la misma línea hasta sus últimos días; el enfrentamiento con "lo otro", de manera real y simbólica, creó en él un potencial de autenticidad que se fue transformando en pensamiento y acción. Los primeros pasos de un hombre inteligente y sensible, como José Vasconcelos, le crean un destino insoslayable.

Después de cuatro años en Piedras Negras, su padre busca una mejor posición en su trabajo, y la oportunidad aparece como una plaza en la ciudad de Campeche; por lo que don Ignacio decide que la familia se traslade a México, con objeto de iniciar los trámites para lograr el puesto aludido. Ante la noticia de la partida, el director de la escuela de Eagle Pass, quien era consciente del talento de José, le ofrece una beca para seguir estudiando en la Universidad de Austin, pero eso el padre no estaba dispuesto a consentirlo, y tampoco para el niño era un proyecto estimulante; como él mismo dice:

> *¿Los años maduros me hubieran visto de profesor de la Universidad, enseñando filosofía?... No estaba entonces por los destinos modestos. El futuro me sonreía ilimitado de dichas y éxitos. Tan intenso lo soñaba que a menudo la cabeza me ardía de esperanza y anticipadas certidumbres. Horas de exaltación desmedida, que alternaba con estados de anulación y pesimismo, claudicaciones del albedrío...*

4

Misticismo y filosofía

Como la "permuta" que buscaba don Ignacio se alarga indefinidamente, él regresa a Piedras Negras para retomar su empleo mientras se decide su situación laboral, pero prefiere que la familia se quede en Toluca, donde tenían algunos parientes; mientras tanto, José es inscrito en una escuela anodina que para él no tenía mucha importancia. La breve temporada en Toluca hubiera pasado sin dejar la menor huella de no haber sido por un acontecimiento que fue altamente significativo para él; se trató de una especie de rapto místico que tuvo en una iglesia de Toluca, y que él relata de la siguiente manera:

> *...La iglesia estaba decorada en blanco y azul, y si no recuerdo mal se llamaba del Carmen. El público endomingado en misa de doce abandonaba el local apenas concluido el oficio. Nos arrodillábamos entonces frente a un altar del costado derecho, dedicado a una imagen de la Inmaculada. Inició mi madre los rezos: Dios te salve María... en voz baja yo también oraba fervorosamente. Un vigor nuevo me enderezaba la espalda, ya fatigada de toda la misa. Un bienestar innegable fluía de lo profundo de mi ánimo. Fijos los ojos en la imagen santa, empecé a descubrir efluvios de gracia infinita. Las palabras bondad, misericordia, vagamente formuladas por el pensamiento, se*

convertían en realidad sosegada y venturosa. Y era como si todo el poder de los cielos se licuase en ternura. Mater Misericordis. Madre del Eterno. De pronto sentí que los ojos de la imagen se movían; su rostro también descendía levemente. Una sonrisa de infinita dulzura estremeció el ambiente. La virgen sonreía. No me atrevía a moverme. No comuniqué ni siquiera a mi madre aquella evidencia, tan superior a mis merecimientos. Yo era obstinado, rencoroso y colérico; pero aquella sonrisa deshacía todos los nudos de los reptiles internos. Mater Misericordis: esta invocación era mi eterno sésamo. Esforzándome oculté el llanto que nublaba mis ojos. Mi madre, absorta en su oración, no advirtió lo que había ocurrido. Salí de ahí con mi secreto para siempre... Más bien dicho, hasta que pocos años más tarde, unos pedantillos miopes lograron convencerme, en nombre de la ciencia, de que no había hecho sino experimentar una alucinación... El caso es que no he vuelto a tenerlas, como no las tienen ellos. Nos falta la pureza de ánimo.

A principios del año 1896 su padre regresa con el nombramiento arreglado y se realizan los preparativos para dirigirse a Campeche, otra vez unida la familia, que para esas fechas la formaban los padres, José, los hermanos Samuel y Carlos, y las hermanas Concha, Lola, Carmen y Chole.

Desde un principio, la ciudad de Campeche resulta seductora, a pesar del intenso y húmedo calor, que lo agobia, pero no lo molesta demasiado, pues estaba el mar, los barcos, el fascinante movimiento portuario; además de su vivencia en una escuela totalmente diferente de la que había padecido en la frontera; se trataba del Instituto de Enseñanza Superior de Campeche, donde cursa la secundaria en un ambiente afectivo y estimulante, pues además de las clases en buen español y con maestros prestigiados, disponía de la magnífica biblioteca del Instituto, que se convierte en una especie de santuario para él, pues ahí encuentra un material de gran riqueza para continuar con su ya cultivada pasión por la lectura, compartiendo con su madre sus inquietudes; de esa época recuerda particularmente un libro que le regaló su madre: *Genio del Cristianismo,* de Chateaubriand. Aparentemente, José no tenía definida su vocación ni se preocupaba por su futuro, simplemente leía todo lo que le llamaba la atención y se ocupaba de ser un buen estudiante e incluso un buen deportista, pues en esa época también destaca como gimnasta, a lo que él atribuyó su buena constitución física.

Su dominio del idioma inglés hace que el rector del Instituto lo invite a dar clases a su hija Sofía, pero las clases de inglés se enriquecen y complementan con lecturas de corte romántico, como la célebre novela *María,* de Jorge Isaacs, lo que hace que fluya una corriente de entusiasmo erótico entre los dos adolescentes. Sería exagerado decir que Sofía fue el primer amor de Vasconcelos, pero no es arriesgado suponer que su reconocida capacidad amatoria, siempre marcada por el idealismo romántico, tuvo como escena fundante este inocente escarceo erótico; además de que aquella niña llevaba en el nombre del que fuera el gran amor del Vasconcelos: la sabiduría (sofía), la "filos-sofía", y es justo decir que esa fue la única amante a la que le fue siempre fiel.

Es posible afirmar que la época campechana de Vasconcelos fue una de las más armónicas de su vida; sin embargo también fue parte de un despertar a la realidad del México profundo, lleno de ancestrales antagonismos entre clases y castas; el México auténticamente porfiriano, el de la explotación y la miseria de la mayoría, el del racismo evidente y la esclavitud soterrada. Ese México se parecía poco al de sus fantasías nacionalistas infantiles; en esta virulenta realidad transcurrió su adolescencia; eso no diluyó el encanto nostálgico de un pasado glorioso atribuible a la nación mexicana, pero seguramente sí le produjo el desencanto de un presente intolerable, de debía ser cambiado radicalmente, ya no para recuperar el pasado, sino para construir el futuro.

El término de los estudios en el Instituto conlleva una importante decisión para la familia, pues el clima de Campeche resulta desfavorable para la salud de la madre y, además, se vislumbra la posibilidad de que José estudie una carrera universitaria, dado su reconocido talento y disposición para los estudios. Por ambas razones la familia entera se traslada a la ciudad de México; aunque por un tiempo breve, pues el padre no consigue una ubicación de trabajo en la capital y la familia tiene que regresar a Piedras Negras, con excepción del joven José, quien es inscrito en la Escuela Nacional Preparatoria, en 1899. En la capital, Vasconcelos inicialmente se aloja con unos parientes de su madre, aunque su intención es aprender a vivir solo en la gran ciudad. En aquella inicia un trato cotidiano con una joven oaxaqueña, llamada Serafina Miranda, quien era unos años mayor que él y que más tarde se convertiría en su esposa.

5

La gran pérdida

Las clases en la Preparatoria absorben buena parte de su tiempo, y otra buena parte la pasa en la biblioteca de la Preparatoria o en la Biblioteca Nacional. Faltando pocos meses para terminar el primer año escolar, le llega una noticia trágica, y además inesperada: la muerte de su madre. Pasa varias semanas postrado en medio de un duelo que parecía lesionar seriamente su cordura; pero poco a poco se va reponiendo de la que debió ser una gran pérdida para él; finalmente llega el periodo de exámenes y él logra aprobar todas las materias, algunas con excelencia.

Pasa las vacaciones con su familia en Piedras Negras, pero ya nada es igual; ante la tumba de su madre, el padre y los hermanos le transmiten su último mensaje: *...díganle a Pepe que nunca olvide a Dios, Nuestro Señor.*

Vasconcelos se alejó del rito y del dogma, pero puede afirmarse, interpretando sus propias palabras, que nunca se olvidó de Dios.

> *...En lo personal, debo a Menéndez Pelayo el servicio de haberme ayudado a lograr mi propia definición. Al dejar el catolicismo no lo había reemplazado. El positivismo no logró hacerme ateo. Cuando fui spenceriano, agnosticismo quería decir para mí teísmo impersonal y una especie de Dios-fuerza, pero consciente infinitamente. Y sólo al meditar las páginas de los heterodoxos reconocí mi filiación.*

Yo no era un incrédulo sino un hereje. Todas las religiones me parecen un aspecto de la verdad; aun siendo, fundamentalmente, cristiano y creyente. De la Iglesia me apartaban cuestiones en cierto modo accesorias. De suerte que la Inquisición me hubiera quemado, no por impío, sino por disidente.

De regreso en la capital se reinscribe en la Preparatoria y alquila un cuarto en la calle de Leandro Valle, junto con otros dos estudiantes. Para estas fechas su padre ha sido ascendido y se traslada a Ciudad Juárez, junto con los demás hijos.

Continúa sus estudios, pero ya sin el apoyo moral e incluso económico de la madre, se deja llevar por el torbellino de la vida estudiantil de finales de siglo; a pesar de lo cual continúa leyendo con avidez y encuentra una nueva orientación filosófica, el *Positivismo* comptiano, que en aquellos tiempos prevalecía en la cultura mexicana, asociado con el supuesto "cientificismo" del régimen porfiriano. De cualquier manera, termina con excelencia sus estudios en la Preparatoria, y después de una breve estancia con su padre y sus hermanos en Ciudad Juárez, regresa a México para inscribirse en la Escuela de Jurisprudencia. Vasconcelos no comenta su decisión de convertirse en abogado; como ya hemos dicho, el tema vocacional propiamente dicho nunca fue una preocupación para él. Se dice que su caso era como el de muchos estudiantes con orientación humanística, que no podían encontrar en los estudios formales, y más tarde en el trabajo, un campo adecuado para realizarse como personas, debido a que en ese periodo de la cultura mexicana el "cientificismo" positivista era tenido en la mayor estima, y la expresión de una vocación filosófica hubiera sido mal vista, muchos estudiantes optaban por la jurisprudencia, como lo más cercano a las letras o a la filosofía; además de que la efervescencia política que se vislumbraba en el ambiente cultural favorecía la opción de la abogacía.

6

La recuperación de la armonía

Su dedicación al estudio en la escuela de Jurisprudencia deja mucho que desear, no tan solo por las distracciones propias de la vida estudiantil, sino también por un cierto anarquismo literario que practica en esa época, además de una curiosa actividad a la que le dedica algún tiempo: con frecuencia acompaña a sus compañeros de cuarto, que estudian medicina, a sus clases, prácticas de disección, o visitas a hospitales. Pero en esas circunstancias, que revelan un gran desconcierto, llega a sus manos un ejemplar de *La divina comedia*, de Dante, cuya lectura parece haberle causado una verdadera revolución intelectual:

> *...Exaltado, interrumpía la lectura, poseído de un delirio ideológico. Con desdén apartaba la jerga filosófica de los contemporáneos, petulante y mezquina, incapaz de engendrar una concepción decorosa del mundo. ¡De suerte que aquél era el medioevo diseñado por los positivistas! La doctrina dantista era una música que penetra y fortalece, dejándonos ricos para siempre. ...Y por muchos días cesó el quebranto de mis dudas y también la sed de los apetitos insatisfechos. Girones, torbellinos de pensamiento, descendían, estremecían las fibras de mi conciencia, le restituían sus poderes nativos. Y con sarcasmo dichoso clamaba: "¡De manera que esta alma que estoy a punto*

de licenciar en nombre de la ciencia, es una realidad que tales prodigios engendra, cuando la encarna un Dante! ¡Pues vale entonces más que todos sus negadores!" Newton y Compte, y Spencer, catalogadores de hechos... ninguno merecía el nombre de filósofo. Penetrar la maraña de los hechos para descubrir el hilo seductor, remover y animar la entraña misma de la creación, eso es ser un filósofo. Y hubiera querido tener poder, para convocar a la ciudad con dianas y repiques, y una vez reunidas las gentes en las plazas y azoteas, pregonarles la buena nueva, el "leit motiv" dantesco: "Un mismo amor mueve las almas y las estrellas" Y un júbilo resonante, gritería en todas las bocas: "Así sea", y danzarían los cuerpos danzas de dicha. Por lo pronto, la sin par lectura me contuvo en el descenso que me arrastraba. Me desató el poder del vuelo; me hizo ver leves todos los tropiezos.

Este arrobo literario frente a la obra de Dante no parece del todo racional, pero para el joven Vasconcelos tiene un extraordinario valor simbólico, pues el alma que "estaba a punto de licenciar" en aras de la ciencia —lo que se percibe como el peligro de perderla—, vuelve a entrar en el ámbito de la paz, de la armonía, del orden místico que, al parecer, se había perdido al morir la madre.

Además del efecto psicológico de esta experiencia, las consecuencias en la conformación de la personal filosofía de Vasconcelos son determinantes, a partir de ahí todas las cosas se ponen en orden y también el pensamiento que las observa. De ahí nace la tesis central que da sentido a toda su obra y que es parecida a la visión dantesca en la última parte de su obra, cuando se abre la visión del poeta y le es dado contemplar el universo entero, pero no de una manera analítica o racional, sino como la expresión de una suprema obra de arte, en la que todo caza y embona de una manera sublime, creando algo así como un gran rosetón, donde la luz, la forma y el sonido se unen en un todo armónico.

Por medio de esta "revelación", Vasconcelos obtiene el paradigma de interpretación filosófica que habría de ser la esencia de su pensamiento y aun de su conducta, y es precisamente ese "orden cósmico", esa "sinfonía" en la que cada cosa y cada alma toma su lugar y encuentra su sentido. En esta concepción filosófico mística, es perfectamente congruente que Vasconcelos proponga la Estética como el instrumento por excelencia, ya que el fin último del conocimiento es la percepción de la armonía.

Esta visión totalizadora se desarrolló con amplitud en su primer libro, titulado *Pitágoras, una teoría del ritmo,* que fue publicado hasta 1916, en La Habana. En este libro, Vasconcelos desvirtúa el pitagorismo en su sentido racionalista y lo interpreta como una postulación matemática y geométrica de la armonía y el ritmo, lo que propone como principio de comprensión de la realidad, en tanto que el "instrumento filosófico" es congruente con el propio funcionamiento del universo, cuya dinámica se traduce, para el observador, en una visión estética. En esta obra, Vasconcelos se aleja de la interpretación del número como unidad, ya que esta noción está presente en el modelo mecanicista y cientificista, que antes había aceptado como positivista, y que ahora rechaza, con base en su propia teoría, entre metafísica y esteticista.

En esta obra, el sentido de proporción, armonía y ritmo son tomadas como paradigmas estéticos, y el universo se interpreta como una sinfonía en la que el modelo filosófico es una especie de pentagrama. El Pitágoras de Vasconcelos no es un matemático, sino un artista, y el pensamiento pitagórico se convierte en una cierta "lógica de la armonía", que Vasconcelos tipifica como estética. Es por eso que en su labor como educador pone tanto énfasis en la educación por medio del arte.

Recién descubierto su paradigma filosófico, en sus últimos tiempos de estudiante, lo estrena en su tesis de licenciatura; desde luego, no encuentra dentro de las disciplinas normales del derecho aquélla que pudiera ajustarse a su modelo, por lo que se dedica:

> *...a buscar analogías del acto jurídico con el acto voluntario de los psicólogos, con el acto biológico, con el proceso químico, y, finalmente, con el mecánico. Tal y como se solucionaban los conflictos de fuerza, así deberían solucionarse, en una sociedad perfecta, los conflictos jurídicos. En teoría, quien más haya menester de una cosa, quien más ponga en ella apetencia y voluntad, ese debe ser su dueño. En torno de estas apetencias sinceras, la sociedad debe obrar como en la composición de fuerzas, colaborando con los deseos nobles, vigorosos, pero libres de mezquindad. Escribí sobre el derecho como fuerza y dinamismo interno de las relaciones sociales. Partiendo del concepto primordial del impulso, procuré determinar de qué manera, dentro del juego múltiple de la dinámica, emerge la oposición jurídica tan fatalmente como choca y se combina con la fuerza de los remos y la fuerza de la corriente en el bote que sube al río... Cuando llegué a definir: "Concepto Dinámico del Derecho" sentí pasar por la frente un relámpago.*

Antes que a cualquier otro, Vasconcelos leyó su tesis a Alfonso Caso, quien le hace la siguiente observación: "Ha escrito usted bastantes páginas sin hacer citas y sin perder de vista su tema... Es raro que nosotros no podamos escribir así... En fin, su trabajo es original y lo felicito".

La tesis fue refutada por los sinodales, quienes, sin embargo le conceden la aprobación en virtud de su originalidad, con lo que Vasconcelos obtiene su licenciatura en Derecho.

> *...Me complacía haber concluido pronto con la vida de estudiante. Verdadera pesadilla la de aquellos años de placeres bajos y ambiciones locas; vida parasitaria y mezquina, disimulada con palabras altisonantes: ideal y juventud. Como si la juventud, en general, entendiese de otra cosa que del toque arrebatado de los apetitos... Por lo menos, ya no era estudiante.*

7

El espíritu sobre la razón

La generación de José Vasconcelos se orientó grandemente por las ideas positivistas de Gabino Barreda, quien fue el gran difusor del positivismo francés en México, lo que se identificaba con la posición "cientificista" del régimen porfiriano. En esa época se desdeñaba todo lo que se identificara con la metafísica, instaurando en la educación nacional las verdades científicas, que eran consideradas incuestionables. Se buscaba avanzar hacia un futuro eminentemente científico, lo que marcaba fuertemente los estudios universitarios, cualquiera que fuese la rama del saber. En esos tiempos, Vasconcelos conoció a Alfonso Reyes y Antonio Caso, quienes eran considerados los patriarcas de esa filosofía en México.

Este ambiente favoreció el surgimiento de intelectuales que ponían en tela se juicio el sistema político. Vasconcelos se recibió de abogado a los 23 años, con una tesis en la que hacía un análisis de la teoría dinámica del derecho.

En su tesis, Vasconcelos defiende el ejercicio de la fuerza individual como opuesto al orden pasivo de la sociedad y habla de tres leyes naturales del derecho; la primera era la ley del *desarrollo de la energía,* lo que postula como ideal al individuo dinámico; la segunda era la ley de *la justicia,* que hacía referencia al concepto clásico de justicia como virtud cardinal, aunada a la tercera ley, la del *equilibrio,* en la que se presenta la naturaleza como un ser orgánico. En síntesis, es la metafísica la que hace al derecho, no la historia ni el contrato social. Aquí presentaba Vasconcelos una concepción del derecho que resultaba muy sugerente, en la que se pueden rescatar dos cuestiones históricas: de hecho se trata de una visión antipositivista y revela un conjunto de intuiciones estéticas que, lo que más tarde se desarrollaría en sus obras filosóficas. En aquellos tiempos, Vasconcelos muestra un patente rechazo a la postura positivista en la educación.

Poco tiempo después de graduarse, con la ayuda de don Jesús Uriarte, encuentra trabajo en un juzgado, y es cuando comienza su relación con los miembros del "Ateneo de la Juventud", bajo la influencia de tres ilustres profesores de raigambre positivista: José Ma. Vigil, Justo Sierra y Ezequiel Chávez.

Este grupo surgió en 1906, con objeto de fundar la revista *Savia Moderna,* que era la heredera de la revista *Tiempos Modernos* y *Azul,* dirigida por Rubén Darío, por supuesto con todo el sello del *Art Noveau,* que entre nosotros se llamó *Modernismo.* Esta publicación tuvo una duración corta, pues sus integrantes poco a poco fueron abandonando los ideales del modernismo para adoptar posturas humanísticas más afines a la metafísica.

En 1907, el grupo se inició como una sociedad de conferencias que organizó dos ciclos de mesas redondas y pláticas, una de ellas fue en el Casino de Santa María la Ribera, y otro en el Conservatorio Nacional de Música. En 1909 se convirtió en el célebre *Ateneo de la Juventud,* pionero de la cultura y la filosofía mexicana en el siglo XX.

El Ateneo fue fundado por el propio Vasconcelos, junto con Pedro Henríquez Ureña, Alfonso Cravioto y Julio Torri, entre otros, lo que representaba una minoría ávida de cultura que se separaba de la gran masa educada en el positivismo porfiriano; cabe señalar que en un principio su rechazo no fue hacia el porfiriato, pues, según el propio

Alfonso Reyes, ninguno de ellos tenía razones de peso para oponerse a Díaz, dado que pertenecían a las clases privilegiadas, y por ello habían tenido acceso a las altas esferas de la cultura. Su rechazo al positivismo era en el sentido de que esa filosofía planteaba tres estados por los que atraviesa la humanidad en su evolución: el primero es *teológico*, el segundo *metafísico* y el tercero es el de la *ciencia positiva*, entendiéndose el término en su connotación francesa o inglesa, como una forma de conocer basada en la inducción y no en la deducción.

El positivismo rechaza todo aquello que no sea demostrable científicamente y postula la llamada "ingeniería social", que pretendía arrebatarle a la filosofía su lugar de "madre de todas las ciencias". Una de las características del positivismo, tomado al pie de la letra en México, era la pretensión de aplicar la ley de los tres estados comtianos al sistema educativo mexicano, por lo cual la filosofía quedaba relegada al estadio anterior, o sea al metafísico, por lo que la filosofía, como una forma de conocimiento meramente racional o especulativo era de naturaleza inferior. Una de las principales causas del Ateneo era precisamente la recuperación del lugar de la filosofía en la cultura mexicana.

El Ateneo inicia simbólicamente sus actividades el 26 de junio de 1909, en el salón "El Generalito", del antiguo colegio de San Ildefonso, cuando se dicta un ciclo de conferencias sobre el positivismo en México, siendo su primer presidente el maestro Antonio Caso. El Ateneo emprende una batalla filosófica en contra del positivismo, apoyándose en Platón, Shopenhauer, Kant, Bergson, Poincaré, Nietzsche, Shiller y Croce, principalmente.

Este movimiento estaba formado principalmente por jóvenes de orientación humanista, a quienes bien puede considerarse como los "primeros" intelectuales mexicanos, en el sentido que se le dio en el siglo XX, es decir, un grupo interesado en las letras y la cultura, pero también en un cambio social. Además de ser un parteaguas en la cultura mexicana, uno de los rasgos esenciales de este grupo era su afición por el helenismo, como piedra angular de la cultura occidental, y la constante preocupación por el apuntalamiento de la cultura mexicana y la identidad nacional, ambas obnubiladas por el positivismo francés y el pragmatismo sajón, que nada tenían que ver con la tradición cultural mexicana.

Como primera actividad formal, los jóvenes del ateneo tienen el acierto de organizar un ciclo de conferencias en las que se analiza con amplitud el positivismo y se ensalza la labor de Gabino Barreda, que es tomado como pretexto para realizar un balance sobre los alcances y las limitaciones que tuvo ese sistema, con objeto de demostrar sus inconsistencias.

8

El *supermuchacho*

Por carta de recomendación de un amigo de su padre, dirigida al juez Uriarte, Vasconcelos obtiene un empleo como ayudante en una notaría y posteriormente un trabajo en el mismo juzgado. Al parecer, Vasconcelos era capaz de realizar múltiples actividades sin desmayo y con eficiencia, pues a pesar de todas sus tareas, desviaciones e incluso correrías, logra terminar la carrera de abogado en tres años y medio, en lugar de los cinco que se programaban en condiciones normales; tal vez por ello se le había puesto el mote de "el Supermuchacho".

Por supuesto que no faltaron tentaciones; pero el supermuchacho se muestra capaz de discernir entre las diferentes opciones vitales y guiarse por el principio del deber, por encima de impulso, lo que revela, por lo menos para él mismo, una condición humana de índole superior.

Vasconcelos aprende las grandes cosas de la vida a partir de súbitos destellos de conciencia, a la manera de los santos y los iluminados; de los asuntos más triviales, él obtiene enseñanzas trascendentales, como en el caso de aquella muchacha que tanto le gustaba y a quien había hecho la corte por mucho tiempo, en procura de sus favores; ella se había manifestado esquiva y desdeñosa, hasta que una tarde ella se presenta en su casa para decirle que está dispuesta a pasar el resto del día con él; pero, para su desgracia, ésa era precisamente la tarde en que tenía que acudir a su primer trabajo.

Perplejo me quedé mirando, sin responder. Rápidamente se cruzaron en mi interior deseos contradictorios. Algo me dijo que aquello era una ocasión única; pero llegar tarde el primer día, o no llegar, era también catastrófico. Con la impresión de que se descargaba sobre mí un rayo, tomé una decisión tajante... "No puedo faltar a un quehacer – le dije – ; te dejo con los compañeros; a la noche, si quieres". Al decirlo sentía que asesinaba mi dicha en el momento de tenerla, por fin, en la mano. Al mismo tiempo reflexioné: "Si falto a mi primera tarea, faltaré después a otras y mi suerte se habría derrumbado en el momento en que podía levantarla". Había dado mi palabra de estar puntual; me lo debía a mí mismo; no era digno vacilar... Y me fui desgarrado y pensativo. Desde aquel instante, yo quedé marcado: pertenecía a la casta de los hombres del deber, a diferencia de los hombres de placer. Seguiría en adelante inflexible. El sacrificio me hacía daño, pero me entonaba. Con paso ligero marché por la ruta del éxito, dejando atrás, abandonada, la dicha.

Aquélla era la época de las grandes definiciones, y una de ellas se relacionaba con aquel grupo de intelectuales de vanguardia que se comenzaba a reunir en el salón "El Generalito" de la Preparatoria, en el que participaron personajes de la talla de Antonio Caso, Pedro Henríquez Ureña, Alfonso Reyes, Ricardo Gómez Robelo y Alfonso Cravioto. Vasconcelos llegaría a ser un miembro importante de esta agrupación.

Poco tiempo después de haber iniciado su labor en el juzgado, su jefe, el licenciado Uriarte, es ascendido, por señalamiento directo de don Porfirio, a Senador de la República y establece despacho propio, donde se lleva a Vasconcelos, quien es encargado de los trámites en los juzgados.

Vasconcelos es el iniciador de las campañas de alfabetización y el principal impulsor en la construcción de escuelas.

En una visita a la facultad de Leyes, un antiguo compañero le propone el puesto de fiscal federal en Durango, y él desde luego acepta, pues eso representa un ascenso de golpe en una carrera apenas incipiente, además de permitirle salir de la ciudad y recuperar la condición de trashumante que había sido su pauta desde niño.

9

La experiencia de Durango

Su estancia en Durango es corta y restauradora; su trabajo es cómodo y sus distracciones se reducen a la cacería, montar a caballo, fiestas campestres, escuchar música o simplemente ir a la plaza a conversar con la gente, especialmente con el párroco de la iglesia de Guadalupe, con quien traba una productiva amistad. Una vez más, él da una interpretación poética a un hecho trivial y elabora una simbología que se traduce en una enseñanza:

> *Del otro lado de la estación, sobre una colina, una nave con campanario airoso decora la campiña verde y el cielo azul inmóvil. Más de una hora conversé con el culto y tolerante sacerdote, uno de esos que nos acercan a la Iglesia. Al caer la tarde bajé hacia la población. El caserío de todo azules, blancos, ocres o rojos se bañaba de los rosicleres [sic] del crepúsculo. Las montañas distantes, teñidas de violeta y de cobalto recortaban perfiles en el cielo intenso. La conciencia también se me llenó de luz. En una de las cantinas, por la estación, en vez de la usual cerveza, tomé un vaso de agua clara y fresca.*

También hace amistad con el joven abogado Luis Zubiría y Campa, sobrino del arzobispo.

...Emparentado con los aristócratas, pero demócrata, descreído, aunque oficialmente católico. En cambio, aunque oficialmente anticatólico, yo seguía de creyente. Pues, ¿cómo dudar de lo divino si por doquiera nos envuelve, nos sorprende, nos deslumbra el milagro de la naturaleza y el corazón de la vida?

Desde aquella óptica del joven abogado en Durango, todas las cosas parecían estar en su lugar; hasta el orden político, en todas partes tan movedizo y resquebrajado, en este remanso se le presenta como algo idílico:

Nadie sospechaba de un alzamiento de la gleba. La férrea dictadura y la política de conciliación engendraban calma aparente. Un gobernador honorable y afable hacía llevadero el régimen. Lo conocí en su palacio, donde le hice visita de cortesía, como empleado federal, y me lo encontré más tarde en la comida anual con que el seminario celebraba el fin de sus cursos. A tan culta convivencia se había llegado que, no obstante las bárbaras leyes de Reforma, todos los funcionarios del estado, incluso el jefe de las armas, nos sentamos a la mesa de los "curas" en despreocupada convivialidad.

Al parecer, en la imaginación de Vasconcelos, aquella temporada en Durango se fue transformando con el tiempo y los tropiezos de la vida, en un nostálgico "cuento de hadas", en un mito de armonía, que era la esencia de su búsqueda interior. Como se podrá apreciar, en su madurez, Vasconcelos atribuye a esta experiencia un valor paradigmático:

¿Qué era yo que ni yo mismo recuerdo?... ¿A dónde se fue quien vivió aquellos días de mi destierro durangueño?... Revivo el goce de la luz de las mañanas y la miel de unos higos negros y gruesos que vendían en las huertas,

pero el hálito de mi ser de entonces, ¿cómo podría rehacerlo, si el contenido de mi alma de hoy es tan distinto? Ni quiero volver a ser lo que fui, ni amaré mañana este yo de hoy que tanto necesita mejorar a fin de que yo mismo lo encuentre amable. Aparte del interés de la fama, me movía en estos intentos la necesidad de hallar una clave o una fórmula de explicación total de la vida, un sistema cabal del mundo. Hallazgo semejante me hacía falta, no sólo para iniciar un tratado de filosofía, también para enderezar y reorganizar mi propia vida interior, ansiosa de arquitectura. Empeñándose en trazar el cuadro de la totalidad que nos acoge, acababa perdido en ideaciones prolongadas y confusas, pero llenas de hechizo. Padecía desde entonces la embriaguez, el hechizo, el hipnotismo del todo...

Pero aquella melancólica embriaguez se le terminó pronto, pues un amigo suyo, el licenciado Zentella, quien trabajaba en un bufete de norteamericanos en México, lo llama para ofrecerle un puesto que parecía hecho para él, tanto por su talento como por su dominio del inglés.

10

Negocios, sueños y política

Así que regresa a México y se incorpora al prestigiado bufete Warner & Johnson, en el que tienen grandes proyectos para desarrollar, no sólo en México, sino en toda América Latina. Desde la ventana de su despacho, en el edificio Mutua de la calle 5 de mayo, podía observar el inicio de la construcción del bello edificio que se convertiría en el Palacio de las Bellas Artes.

Su trabajo en el bufete le permite viajar por varias partes de la república, pero no ya como un poeta disfrazado de abogado, sino como un auténtico gestor de intereses económicos de gran envergadura, lo que lo pone en contacto con la realidad cruda del país, con la hegemonía de lo económico por sobre cualquier ideal, y sobre todo con el efecto de esa hegemonía sobre la mayoría de la gente, sometida a la ingente tiranía del gran capital.

Ya con un trabajo estable, en 1906 contrae matrimonio con Serafina y reinicia sus actividades como miembro del Ateneo de la Juventud, el cual tenía, como uno de su principales objetivos, la reapertura de una Facultad de Filosofía en la Universidad Nacional y la creación de una Universidad Popular.

En el edificio donde se ubicaba el despacho Warner & Johnson, Vasconcelos conoce a Francisco I. Madero, poco después de la publicación de su libro *La sucesión presidencial,* en un encuentro que fue breve, pero seguramente oportuno en la vida de Vasconcelos, quien ahora se encontraba inmerso en la realidad cruda de un sistema decadente, de un modelo político y económico que ya no podía seguirse tolerando.

> *Yo no tenía motivo propio de queja contra el régimen* – dice en sus memorias –. *Sin pertenecer ni remotamente a cualesquiera de las facciones gubernamentales, veía acrecer mis entradas, poseía casa propia y porvenir seguro. Pero, ¿qué sabe nadie de los motivos profundos que van determinando el destino? La convicción de que el porfirismo era una cosa podrida y abominable había ido arraigando en mi sensibilidad. La evidencia de los atropellos diarios cometidos a ciencia y paciencia del régimen, y un sentimiento de dignidad humana ofendida, convertían en pasión lo que primeramente había sido desagrado y sorpresa.*

Vasconcelos, siendo un abogado de 28 años, participó enérgicamente en la campaña presidencial de Madero, en 1910; se atrevió a atacar a Díaz en la prensa y por ello tuvo que exiliarse una temporada, aunque volvió a México unos meses después para celebrar el centenario de la Independencia, y dictó una conferencia en el Ateneo de la Juventud en la cual criticó al positivismo, que ahora se entendía como una ideología agonizante lo mismo que el régimen de Porfirio Díaz.

Los miembros del Ateneo no sólo buscaban una mayor injerencia en la cultura y la educación, sino una participación activa en los movimientos sociales que se estaban gestando y cuyo principal promotor era Madero, quien en una ocasión invitó a Vasconcelos a una reunión en la casa de Emilio Vázquez Gómez, donde se constituyó un comité de apoyo a la campaña del Partido Antirreeleccionista, con la fórmula Madero-Pino Suárez. A pesar de no tener motivos personales de peso en contra del porfiriato, Vasconcelos hace suya la causa maderista, animado por sus intereses intelectuales y por sus ideales humanistas; se reúne con otros intelectuales, como Filomeno Mata, Félix Palavicini, Luis Cabrera y Federico González Grace, para fundar el "Centro Antirreeleccionista", en esa ocasión se acuñó el lema *Sufragio Efectivo no Reelección,* mismo que se atribuye al propio Vasconcelos. En 1909 su vida transcurría entre el ejercicio de su profesión, sus estudios y la actividad política.

En aquella época conoció en persona al presidente Díaz, pues en una ocasión fungió como intérprete entre el general y Mr. Warner, el dueño del despacho en el que trabajaba. Él podía recordar que muchos años atrás, don Porfirio había conocido a doña Carmen, la madre de Vasconcelos, cuando era niña, en una ocasión en que ella había ayudado a su padre a curar las heridas del caudillo. A pesar de su bonanza económica y de aquellos vínculos nostálgicos que le había expresado su madre, Vasconcelos prefiere abandonar el despacho, abrazar la causa de Madero y dedicarse de lleno a la política.

En 1909, Vasconcelos era ya un miembro importante del Ateneo de la Juventud, liderado por el maestro Antonio Caso. En la historia oficial se ha manejado que esta agrupación era como un semillero ideológico de la Revolución; sin embargo, esto no parece exacto si consideramos que el propio maestro Caso, en 1909, ante la reelección de Porfirio Díaz, aceptó la dirección de *La Reelección,* que era el órgano del partido que apoyaba al dictador; en esa publicación el propio Antonio Caso calificaba de "imbéciles" y "charlatanes" a los antirreeleccionistas. Por su parte, en sus memorias, Alfonso Reyes relata que él tenía en su casa, junto a sus libros, un rifle, para disparar contra los maderistas, si llegaba el caso. En la otra facción de Ateneo se encontraba Vasconcelos, quien fue el primer director de *El Antirreeleccionista,* órgano de la oposición, que fue clausurado por la policía porfirista.

Los principales miembros del Ateneo simpatizantes de la oposición fueron Alfonso Cravioto, Federico González Garza y Vasconcelos, quienes impulsaban grandemente el Partido Antirreeleccionista, además de dirigir la publicación arriba citada. Ante la represión policiaca, González Garza y Vasconcelos decidieron renunciar al partido y retirarse de la capital, refugiándose en la hacienda El Limón, en San Luis Potosí. Allá les escribió Francisco I. Madero, para felicitarlos por su trabajo en pro de la causa demócrata, aunque también, en cierta forma, recriminando a Vasconcelos por su partida, como dice en una carta fechada el 13 de noviembre de 1909:

> *Ayer recibí su grata carta del 11 del actual, cuya lectura no me causó sorpresa, pues desde la primera carta que recibí de usted, después de que salió de esta capital para esconderse, noté que estaba usted muy desmoralizado.*

Vasconcelos regresó a la ciudad de México, pero solamente para retomar su trabajo y sus actividades intelectuales en el Ateneo. En enero de 1910, se leyó un trabajo suyo en el que se hablaba del "sentido místico del baile", considerado desde "el punto de vista histórico y psicológico". Alfonso Reyes leyó un estudio sobre la estética de Luis de Góngora y Antonio Caso habló sobre la gran labor de interpretación de la historia que habían realizado Michelet y Carlyle.

Como se comprenderá, aquélla fue una de las últimas reuniones del Ateneo de la juventud.

Mientras tanto, Madero se empeñaba en recuperar a Vasconcelos para su causa:

> *...Quise hablar con usted en México. Lo fui a buscar a su despacho y no lo encontré. Le supliqué que pasara a mi casa y tampoco tuve el gusto de verlo por allá. Quería hablar con usted para reanimarlo.*

...Hace usted mal en creer que nuestros sacrificios no han sido compensados. Tal creencia demuestra que usted tenía un optimismo exagerado e imaginaba que antes de las elecciones generales íbamos a obtener el triunfo, o bien que ello es un pretexto para ocultar la verdadera razón que lo impulsara a retirarse de nuestro partido.

...Yo creo sinceramente que debemos estar satisfechos del resultado que hemos obtenido hasta ahora, pues hemos logrado en poco tiempo que nuestro partido sea el más respetable de los partidos de oposición, y después de las jiras que pienso emprender por la costa y por el interior, le aseguro que su fuerza será verdaderamente imponente.

...Cuando realicemos nuestra convención y lancemos las candidaturas del partido, nuestro prestigio subirá de una manera incalculable, pues estos acontecimientos causarán un entusiasmo no comparable con el que causó la candidatura de Reyes, en su mayor apogeo. Esto le hará comprender a usted que sí tenemos grandes probabilidades de éxito, pues si con la agitación reyista que apenas estaba circunscrita a la capital de la República y Jalisco el gobierno llegó a tener tal zozobra y en la conciencia de todos estaba que si Reyes hubiese aceptado su candidatura hubiese triunfado, ¿cuál será el resultado que obtengamos cuando nuestros candidatos acepten sus candidaturas, publiquen su programa de gobierno y se dirijan a la nación en un manifiesto lleno de virilidad y honradez?

...Si usted se separa de nuestro partido va a perder, quizá, la mejor oportunidad que se le presente en su vida de ocupar un puesto distinguido entre sus conciudadanos. No le hablo de esto para halagar su vanidad, porque sé que no la tiene, sino para halagar su patriotismo, porque es natural que un hombre que ocupa un alto puesto en la administración puede hacer mucho por la patria y es indudable que si nuestro partido llega a triunfar, como

hay muchas probabilidades de ello, usted, por su talento, su prudencia y sus cualidades que lo hacen ser tan simpático para todos nosotros, le harán indudablemente ocupar un puesto bastante importante.

En cambio, retirándose de nuestro partido, se conquistará usted, cuando mucho, que lo traten con lástima, si no es que con desprecio, pues ven que a pesar de haber principiado la campaña con tanto vigor, se desmoralizó con el menor obstáculo con el que tropezamos

Por todas estas razones, me permito instarle a que retire su renuncia.

Cuando Madero fue designado candidato del Partido Antirreelecionista a la Presidencia de la República, Vasconcelos le dirige esta carta:

[abril 26 de 1910]
Sr. don Francisco I. Madero. Presente.

Durante la Convención, y algunos días después, estuve ausente de esta ciudad; por eso le envío mi felicitación tan tardía.

Cada vez convence usted más, aún a los escépticos y disgustados de la política como yo, de lo mucho que hace por levantar nuestra dignidad.

Me he enterado de todos los acontecimientos relacionados con la Convención y veo que la elección de usted ha sido acertada e indispensable. Le manifiesto esto porque yo fui de los que en un principio se oponían a tal elección, pero ahora veo que, dadas las circunstancias, nadie puede culparle de ambición personal y que la aceptación que ha hecho usted de su candidatura es un acto de heroísmo.

Sabe que lo acompaña siempre con la admiración y el afecto de su amigo y S. S.

José Vasconcelos.

11

La revolución

Vasconcelos estuvo con Madero en el destierro, preparando la Revolución. El caudillo lo comisionó, junto con el doctor Francisco Vázquez Gómez, para encargarse de la Agencia Confidencial Revolucionaria en Washington. Su gestión ante el gobierno americano fue de vital importancia para el desarrollo de la Revolución, como se revela en el siguiente comunicado:

> *Confidential Agency of the Provisional Goverment of Mexico: Washington, abril de 1911. Sr. Secretario General del Gobierno Provisional de la República Mexicana, Li. D. Federico González Garza. El Paso, Texas.*
>
> *Para que se sirva ponerlo en conocimiento del C. Presidente Provisional, tengo el honor de comunicarle que el día de ayer recibí del Sr. Dr. Francisco Vázquez Gómez los documentos y papeles de esta Agencia, habiéndome puesto desde luego en comunicación con todas las personas que de algún modo están relacionadas directamente con esta oficina.*
>
> *Como el día de ayer el Dr. Vázquez Gómez recibió un mensaje cifrado en el que se le pedía inquiriese la actitud del gobierno americano en el caso de que una vez terminado el armisticio se reanudasen las hostilidades y qué influencia tendría el hecho de que el gobierno de Porfirio*

Díaz ha tratado con nosotros para el reconocimiento de la beligerancia, paso a manifestar el resultado de mis investigaciones sobre el particular.

Es indudable que el hecho de que el gobierno de Díaz haya tratado con nosotros, implica el reconocimiento de estado de guerra y de la existencia de dos poderes. Si la paz no se arregla, los comisionados de Díaz y todo su gobierno declararán que no pudieron vencer las ambiciones personales de los jefes revolucionarios y pedirán la ayuda de todo el mundo civilizado para combatir nuestra insurrección, que calificarán una vez más de personalista y antipatriótica; pero el gobierno de Díaz está tan profundamente desprestigiado que nadie lo creerá, sino que se encontrará muy natural que la Revolución siga su curso natural, combatiendo hasta destruir todas las fases del porfirismo, cientificismo, reyismo, etc. Todavía más, entre los mejor informados de nuestros asuntos, prevalece la opinión de que será mucho mejor que la revolución no se conforme con pequeñas transacciones, sino que termine su obra de limpieza hasta el fin, pues sólo de esta manera se asegurará para el porvenir una paz permanente; si esto no se logra, quedará el peligro de que cada nueva ambición popular se exija por medio de la fuerza armada. Este peligro no lo desconocen los americanos inteligentes, y estoy seguro de que menos mal verían que la actual revolución se prolongase y que no quedaran motivos para nuevas alteraciones del orden en el futuro; sobre todo si se tiene en cuenta que mientras ocupe la presidencia Porfirio Díaz, no habrá más medio de acobardarle que el treinta treinta de los revolucionarios.

Otro elemento favorable para nuestra situación consiste en el hecho de que el gobierno de Washington se encuentra muy ofendido por la nota de Porfirio Díaz con motivo de los incidentes de Agua Prieta. Puede asegurarse que el prestigio de Porfirio Díaz nunca ha estado tan mal en la Casa Blanca como ahora, y que la revolución jamás había contado con tantas simpatías. No obstante esto, existen aún serias dificultades que ustedes conocen, y que provienen de que hasta ahora no se ha organizado gobierno efectivo en alguna parte considerable del territorio y de que no tenemos aduanas. Ahora puede ya alegarse con justicia que tenemos gobierno efectivo en toda la gran región occidental de Chihuahua; pero queda el problema de las aduanas, porque tomando una o varias aduanas, es claro que el gobierno americano se verá obligado a reconocer a nuestros agentes aduanales; pero para tomar las principales aduanas, también existe el peligro de provocar situaciones análogas a las recientes de Agua Prieta, y podría venir el momento en que el gobierno americano, obligado por el clamor popular, llegara a intervenir en nuestros asuntos. Por fortuna, en el caso de Ojinaga no existen estas dificultades, pero sí pueden ocurrir en todos los demás puntos de nuestra línea divisoria.

Como el arte de vivir consiste en sacar el mayor provecho posible aún de los obstáculos mayores, se me ocurre que quizás sería conveniente, en vista de que vamos a poder atacar todas las aduanas, venderle el favor al gobierno americano, celebrando con él arreglos en virtud de los cuales ofrezcamos no atacar poblaciones de la frontera, siempre que nos reconozcan los agentes nombrados por nosotros en aquellos puntos de la frontera donde establezcamos un destacamento permanente, encargándose dichos agentes de inspeccionar el transporte de mercancía y provisiones. Es decir, que de esta manera nos reconocerían tácitamente el derecho de establecer nuestras aduanas, y por ejemplo, las fuerzas de Sánchez en Ojinaga, que llevan tanto tiempo establecidas en la misma región, prestarían apoyo al agente aduanal que nombrásemos. Por supuesto que en virtud de estas necesidades de la campaña, no podríamos tal vez establecer agencias aduanales de una manera permanente, pero no importaría aun cuando no llegásemos a establecer ninguna, sino sólo el hecho de que el gobierno de Washington se prestase a tratar el asunto y autorizarnos para ello. Es tal el temor de que se repitan incidentes como el de Agua Prieta, que creo que por este camino, a cambio de una promesa nuestra de no dar batalla en las cercanías de la línea divisoria, el gobierno de Washington se vería inclinado a comenzar a tratar con nosotros, y ya sabe usted que en esto como en muchas otras cosas, el primer paso es el difícil. Someta a la consideración del señor Presidente este lazo diplomático, y si me autorizan haré los preparativos necesarios para que el plan se formalice cuando regrese el doctor Vázquez Gómez, Jefe de esta agencia. Por lo demás, debo manifestarles que es la opinión unánime que la intervención no tendrá lugar aunque se renueven las hostilidades, y sobre todo insisto, aun sabiendo lo delicado de tal afirmación, porque no dudo que el peligro de la invasión será la amenaza que los agentes del gobierno utilicen para forzarlos a ceder en puntos capitales. Pero no olviden que en el último caso, exponemos a la Patria a un peligro mayor, dejando semillas para otros levantamientos, que barriendo de una vez de raíz con todos los males presentes.

El capitán Hopkins me encarga que les recuerde manden todos los informes relativos a las confiscaciones de armas y municiones en Agua Prieta y otros puntos fronterizos, pues estos datos se necesitan para formalizar la queja que ya presentó ante el Departamento de Estado.

Concluyo manifestándole mi intención de permanecer aquí inactivo por lo que toca a gestiones diplomáticas mientras la cuestión pendiente se resuelve, y les ruego que me tengan informado de todos los acuerdos de interés que no sean de carácter privado, cuando menos con el objeto de que pueda yo confirmar o rectificar las noticias que por acá se publiquen.

Protesto a usted mi consideración... Sufragio Efectivo no Reelección.

No se podría pensar que Vasconcelos haya sido un ideólogo de la revolución mexicana, pero su trabajo como analista y estratega diplomático fue de gran importancia, no solamente en esta primera fase, y con el fin específico de canalizar influencias propicias al cambio político, sino más tarde, cuando la revolución se había convertido en un mito manejado por la prensa mundial con tonos de escándalo, la voz de Vasconcelos fue reconocida y respetada por su mesura y objetividad.

Comienza la revolución armada y Vasconcelos se incorpora activamente a ella, participando en el fallido complot de Tacubaya, en 1911. Finalmente decide exiliarse en los Estados Unidos al enterarse que existe una orden de aprehensión en su contra, probablemente a causa de su actividad política en su conjunto, pero específicamente por un artículo que escribe en el periódico *Nuevo México* y en el que, entre otras cosas, se expresaba del gobierno de Díaz como "un cadáver al que sólo hace falta enterrar". Se instala primero en Nueva York y después en Washington, donde se dedica a promover una campaña antiporfirista en la prensa norteamericana y visitar asiduamente la biblioteca del congreso.

Después de la caída de Porfirio Díaz y el ascenso de Madero, Vasconcelos regresa a México. En lugar de aceptar puestos públicos, como el de subsecretario de Justicia que le ofrecía Madero, él sigue ejerciendo la abogacía y se convierte en el intelectual que fundamenta el nuevo régimen. En 1911 conoce a Elena Arizmendi Mejía, a la que llama con el nombre de *Adriana,* en su autobiografía. Él estaba profundamente enamorado, pero, según su amigo y biógrafo Alfonso Taracena, ella se había propuesto serle sistemáticamente infiel, y lo hacía incluso con sus amigos más cercanos *...y él tuvo que tolerar esta situación porque estaba enamorado hasta el frenesí de esa mujer que lo humilló tanto ...De que estaba enamorado hasta el frenesí me lo comprobó el crítico de arte Eduardo Colín, del Ateneo de la Juventud y asiduo por lo* *visto del hogar de Vasconcelos. A Colín lo encontré en la ciudad de Oaxaca, cuando trataba de curarse de una enfermedad que lo llevó a la tumba. En el parque principal de la Antigua Antequera me confió: "Un día Serafina me preguntó: ¿que hacemos con Pepe? Ayer se postró a mis plantas confesándome que está perdidamente enamorado de esa mujer."*

Elena Arizmendi había organizado un ejército maderista de enfermeras para atender a los heridos en la revolución, se acercó a Vasconcelos como abogado, por recomendación del mismo Madero. En torno a ese amor, Vasconcelos escribe uno de los episodios más apasionados de sus memorias.

Finalmente, en 1912, Vasconcelos es nombrado presidente del Ateneo de la Juventud y procede a su reestructuración total, cambiando su nombre por el de "Ateneo de México", y convirtiéndolo en una instancia de cultura al margen del gobierno, cuya principal tarea era crear la Universidad Popular, que de hecho comenzó a funcionar, con la intención revolucionaria de llevar la cultura a las masas por medio de conferencias y cursos gratuitos que impartían los miembros del Ateneo; llevaban música y literatura a las fábricas, ofrecían cursos de aritmética, mecanografía, electricidad y artesanías para hombres y mujeres; iniciaron campañas contra el alcoholismo y a favor de la higiene sexual, la medicina preventiva y el desarrollo humano. Con la creación de la Universidad Popular, y en su desempeño como educador, Vasconcelos tiene la oportunidad de fundamentar los programas que más tarde desarrollaría ampliamente como ministro. El elemento destacado es que, si bien el esfuerzo que implicó la Universidad Popular se limitó a ciertos sectores de la clase obrera, fue el antecedente de las magnas empresas educativas que llegaría a emprender. Con esta nueva disposición, los miembros del Ateneo asumieron una nueva conciencia de servicio, cuyo fundamento se encuentra en las obras del propio Vasconcelos y de Antonio Caso.

12

La decena trágica

En el mes de enero de 1913, Vasconcelos se traslada a Tampico para atender asuntos profesionales y de improviso le llega la noticia del levantamiento y muerte del general Reyes, así como de que el presidente Madero se encontraba prácticamente preso en Chapultepec por el cuartelazo de Félix Díaz, quien se había posesionado de la Ciudadela con un grupo de soldados desleales. Entonces regresa a la ciudad de México, y en el Castillo de Chapultepec se entrevista con la esposa de Madero, quien le pide que vaya a ver a don Francisco y le comunique los rumores del levantamiento de Victoriano Huerta.

Ya en Palacio Nacional, abraza a Madero y le transmite la preocupación de su esposa y los rumores respecto de la traición de Huerta. Con su habitual buena fe, Madero ríe de las inquietudes de Vasconcelos, e incluso manda llamar al propio Huerta para comentarle, en son de broma, los "mitos" que la gente estaba generando en esos momentos de gran desconcierto. Más tarde, a la hora del almuerzo, encuentra al presidente animoso, pero no era el mismo el talante de los ministros, en quienes se percibe un aire sombrío. Todavía con un tono festivo, Madero comenta a Vasconcelos:

> *Luego que pase esto, cambiaré de gabinete. Son muy honorables todos mis ministros, pero necesito gente más*

activa. Sobre ustedes, los jóvenes caerá ahora toda la responsabilidad. No me van a decir que no. Verá usted, esto se resuelve en unos días y, en seguida, reharemos el gobierno, tenemos que triunfar porque representamos el bien. Pobre de México si llegase a imponerse toda esa canalla que nos amenaza. No, no puede ser, el bien tiene que triunfar.

Huerta escucha todo eso, pero, taimado, sigue con su plan de golpe de estado, impulsado por su ambición de poder y con el apoyo del embajador de los Estados Unidos, Lane Wilson. Así, sacrifica tropas leales en un ataque que, aparentemente, ha sido convenido con los seguidores de Félix Díaz y más tarde conduce con engaños al presidente Madero hasta el lugar donde sería sacrificado.

Respecto de la actitud de Madero en sus últimos momentos, Vasconcelos comenta:

Lo más probable es que el destino, al consumar fines tortuosos, ciega a los más lúcidos en el instante en que va a destruirlos. Sobreviene una especie de parálisis la víspera de las derrotas injustas, pero inevitables. La maldición que pesa sobre nuestra patria oscureció la mente del más despejado de sus hijos, entorpeció la acción del más ágil de sus héroes. A madero lo envolvió la sombra. ¿Qué gran destino ignora estos eclipses? De la penumbra saldría él, limpio y glorioso, cometa rutilante de la historia patria. Pero la nación caería en abismos que todavía no sobrepasa. Las versiones populares eran rigurosamente exactas. Victoriano Huerta acudía también a la embajada para verse de noche con los jefes sublevados y si la traición no acababa de consumarse era porque no se lograban acuerdos en la disputa por el poder. Por su parte, el embajador tenía prisa porque el cuatro de marzo se terminaba su representación, y estábamos a mediados de febrero; del re-

conocimiento del golpe de Estado por el gobierno americano dependía el éxito de los sublevados.

Días después es informado de que la familia del presidente se ha refugiado en la embajada del Japón y le piden intervenga con el embajador Lane Wilson para evitar que Francisco I. Madero corra la misma suerte que su hermano Gustavo, quien ya había sido asesinado. En conversación telefónica, el embajador le asegura que Madero será enviado a Veracruz para embarcarlo a Europa.

No obstante el ofrecimiento de Henry Lane, el presidente Madero es asesinado el 22 de febrero de 1913. Vasconcelos se muestra retirado de toda actividad política y se sumerge en su trabajo; pero a los pocos meses es aprehendido por los esbirros huertistas e internado en la penitenciaría, para ser llevado a la presencia de Huerta, quien le ofrece clemencia a cambio de que permanezca al margen de la política. En vez de ceder a las presiones del usurpador, Vasconcelos viaja a Coahuila para unirse al movimiento antihuertista.

13

Diplomacia contra dicturadura

Hacia 1912, Vasconcelos contaba con sólo treinta años, pero con la experiencia y los conocimientos de alguien mucho mayor. Del antirreeleccionismo maderista se daba paso a un movimiento cada vez más grande y fuera del alcance de sus iniciadores, que poco a poco fue sustituido por las nuevas energías revolucionarias de Villa, Zapata, Obregón, Carranza y demás jefes de la gran insurrección. Sin embargo, para Vasconcelos, Madero siempre sería el gran caudillo, el apóstol de la democracia en México.

Como agente diplomático de Carranza, Vasconcelos viaja a La Habana, desde donde escribe al caudillo que el gobierno de Huerta está realizando trámites para conseguir un importante empréstito, ofreciéndole trasladarse por su cuenta a Londres para frustrar los planes del usurpador.

En Londres, lo más que obtiene Vasconcelos es la publicación de unas declaraciones de Carranza en el sentido de que su gobierno desconocería cualquier negociación con Huerta; este es un avance pequeño, pero Vasconcelos se hace asesorar de abogados londinenses, quienes le aconsejan trasladarse a París donde a la postre serían lanzados al mercado los bonos del gobierno de Huerta. Justo antes de abandonar Londres hace una interesante reflexión acerca del imperialismo:

> *Junto con el de Nelson, hay un monumento que impresiona en Londres, el arco dedicado "To the English Speaking People of the World". Imperialismo más extendido que el romano, inferior sólo al español de hace dos siglos, divierte comprobar que los anglosajones practican lo contrario de lo que enseñan: la unión racial y lingüística. Y nosotros que queremos imitarlos al dividir en paisecillos la América Española. La unión imperial en torno al idioma debiera ser no sólo un ideal, sino también una tradición y fundamento patriótico. Y, en cambio, recorra quien quiera la doctrina de quienes han sido entre nosotros estadistas, en el lamentable siglo diecinueve, y no hallará sino lacayos del pensamiento inglés, lacayos que repiten la doctrina ostensible de los "English Speaking People of the World". Y no exceptúo, ni hay por qué exceptuar a los más grandes: Juárez, Sarmiento, Alberdis. ¿Qué hubieran dicho, qué dirían si resucitaran y alguien los pusiese delante del monumento londinense a la unidad de la raza y el idioma? Los que se creían modernos por hacerla de detractores de lo español, se desgarrarían las vestiduras al verse reducidos a lo que fueron: ¡Agentes gratuitos del sagaz imperialismo de los anglosajones! De mí se decir que educado también en el odio de nuestra sangre española, bastardeado por una doctrina que representa a Juárez como un salvador y no hizo otra cosa que entregar al yanqui el alma nacional, acostumbrado a disertar sobre el oscurantismo hispánico y en pro de un liberalismo abstracto, allí frente al monumento de las naciones inglesas, sentí, por primera vez en toda su profundidad la amargura de la derrota de la Invencible. Pues al fin la libertad nada aprovecha cuando se gana en complicidad con enemigos extranjeros, y esta es la mancha de*

nuestra independencia, y por eso no acabamos de alcanzar la Libertad ni la Independencia.

En París, Vasconcelos tiene contacto con Miguel Díaz Lombardo, ministro del gobierno maderista y otro grupo de exiliados mexicanos, y juntos, con la ayuda de un diputado, entrevistan al ministro de Hacienda francés, pidiéndole que el gobierno retire su apoyo a los bonos del empréstito de Huerta, explicando Sánchez Azcona los detalles del asesinato de Madero. El ministro reflexiona con seriedad y finalmente expresó que no quería ser cómplice de tales atrocidades, por lo que dio la orden de suspender la emisión de los bonos mexicanos.

> *...No quedaba sino dar las gracias; nos levantamos del asiento, nos despedimos. En el pasillo nos miramos todos casi asombrados; alguien dio un abrazo al diputado... Luego, había funcionarios capaces de obrar por impulso del corazón... Aquella era la Francia que aprendiéramos a amar desde la niñez... ¡Viva Francia!, dijimos en coro, contentos, conmovidos... Y en México había traidores que no veían claro y presumían de neutrales... ¡Neutralidad en el caso de Victoriano Huerta!... ¡Miserables!*

De esa manera quedaba asegurado el que no figurasen los bonos de Huerta en el mercado oficial, o sea en la bolsa de valores francesa, pero queda la posibilidad de que se pretenda colocarlos en el mercado libre, por lo que Vasconcelos y Sánchez Azcona son nombrados para redactar una hoja en la que se explican los actos criminales de Huerta y la oposición y el desconocimiento del gobierno revolucionario a los citados bonos, hoja que circuló voceada frente a la Bolsa de Valores con el título *La Révolution au Mexique*, resultando la suscripción un completo fracaso.

Terminada su misión en Francia hace un breve recorrido por España y posteriormente decide regresar al país llegando por barco a Nueva York, y de ahí viaja a San Antonio, El Paso, y finalmente arriba a Nogales, donde se entrevista con su antiguo amigo, el general Maytorena, gobernador de Sonora, quien lo invita a colaborar en el gobierno del Estado; por su parte, el general Obregón le propone acompañarlo al sur, pero él rechaza ambas ofertas y va a Ciudad Juárez, donde se entrevista con Venustiano Carranza, quien lo comisiona para que recorra parte de Canadá y los Estados Unidos, para realizar una campaña informativa a favor de su causa y en contra de Huerta.

En Nueva York lo sorprende la invasión norteamericana de Veracruz, el 21 de abril de 1914. Con otros revolucionarios se pone a disposición del Primer Jefe, quien lo nombra, junto con Fernando Iglesias Calderón y Luis Cabrera, delegados a las llamadas "Conferencias del Niágara", auspiciadas por Argentina, Chile y Brasil, y en las que el tema es la desocupación de Veracruz por los invasores.

14

Carranza y la incertidumbre

Los triunfos militares de los revolucionarios se suceden uno a otro, por lo que, en julio de 1914, Huerta renuncia a su cargo de Presidente y sale del país, después de saquear el tesoro nacional. Se nombra Presidente Provisional al licenciado Carvajal, quien renuncia en menos de un mes y también abandona el país.

En Nueva York, Vasconcelos se reúne con Pesqueira, Zurbarán, Urquidi y Cabrera para discutir la situación política de México, y en esa circunstancia deciden ser cautelosos respecto de su adhesión a Carranza, quien se perfila como un nuevo dictador.

> *Las victorias de Torreón y de Zacatecas* – dice Vasconcelos – , *obligaron a Victoriano Huerta a embarcarse. Desde ese instante, el panorama cambió y ya nadie puso atención a la suerte de los restos del huertismo, sino al conflicto que se presentaba angustioso. El de las facciones revolucionarias irreconciliables y poderosas de elementos bélicos, engolosinados en la matanza. Y la guerra empezó cuando debería haber acabado. Empezó cuando Villa, obligado a defenderse de Carranza, exigió en junta de jefes, desde Torreón, que Carranza organizara gobierno, constituyera gabinete, fijara un límite a su poder arbitrario. Tan desprestigiado estaba ya Carranza la vís-*

pera de su triunfo, que de no haber sido Pancho Villa quien le acaudilla la oposición, seguramente no le queda una persona honrada a su lado. Lo terrible era que una desaparición violenta de Carranza significaba, por lo pronto, el predominio de Villa que, ignorante y feroz, andaba ya loco de mando y como una fiera que en vez de garras tuviese ametralladoras, cañones. La consideración de este peligro me retuvo a mí al lado de Carranza durante toda la crisis que empezaba y hasta que hubo en la convención autoridad legítima a quien acatar.

Para reintegrarse al país, rechaza las invitaciones de Villa y Carranza, prefiriendo aceptar la invitación del general Antonio Villarreal, a quien se ha nombrado Gobernador Provisional de Nuevo León, presentándose en Monterrey, donde lo invitan a una cena que el propio Villarreal ofrece a Carranza.

Vasconcelos prefiere mantenerse al margen de todo compromiso político, por lo que, cuando algunos días después Carranza le manda preguntar si desea colaborar con su gobierno, únicamente solicita la dirección de la Escuela Nacional Preparatoria, ya que sus intenciones son el establecer nuevamente su despacho profesional, lo que hace en la calle de Uruguay. Él asume el cargo con dignidad, pero los incondicionales de Carranza lo presionan para que defina su lealtad política, pues en aquellos tiempos comienza a perfilarse lo que llegaría a ser tradicional en política, el caudillismo y el partidismo incondicional. A los pocos días, como resultado de su negativa a "definirse", recibe su cese como director de la Preparatoria, y unos días más tarde es aprehendido por la policía carrancista y llevado a la Inspección de Policía, de donde, unos días después, logra escapar, descolgándose en medio de la noche por uno de los balcones del viejo edificio. Entonces se esconde en casa de un amigo, quien lo ayuda para que se integre al convoy del general Felipe Ángeles, que marchará rumbo a Aguascalientes, para ponerse a las órdenes de la Convención Militar instalada en esa ciudad.

El país se va hundiendo en el caos y la lucha fratricida amenaza continuar, e incluso agravarse al influjo de las ambiciones de los jefes: Carranza, Obregón, Villa y Zapata. Con objeto de encontrar fórmulas de conciliación, un grupo de revolucionarios bien intencionados cita a la Convención Nacional Revolucionaria, en Aguascalientes, a donde llega Vasconcelos, encontrándose con que su amigo, el general Antonio Villarreal funge como Jefe de Debates, y lo pone al tanto del estado que guardan las deliberaciones de la asamblea, encargándole que haga un estudio jurídico de las opciones que se van planteando, de manera que se tenga siempre un punto de referencia legal.

Después de largas y no muy cordiales deliberaciones los participantes juran sobre la bandera y firman los acuerdos de la Convención. El 3 de noviembre de 1914 es nombrado Presidente Provisional el general Eulalio Gutiérrez, quien desde ese momento toma posesión de su cargo, nombrando una comisión compuesta por Vasconcelos, José Isabel Robles y Raúl Madero para que den a conocer la decisión de cese de fuego al general Francisco Villa, indicándole que se ha decidido que debe dejar el mando de sus tropas, agradeciéndole sus servicios a la revolución.

La reacción de Villa fue de furia contenida, pero en apariencia aceptó el mandato de la Convención. Vasconcelos relata que al terminar la reunión con Villa *...los tres salimos convencidos de que las protestas de obediencia de la convención iban a ser pura farsa.*

Al llegar a la ciudad de México, Eulalio Gutiérrez nombra su gabinete, quedando en Gobernación Lucio Blanco; Miguel Alessio Robles en Justicia; Valentín Gama en Fomento; Felícitos Villarreal en Hacienda; José Isabel Robles en Guerra y José Vasconcelos en Educación Pública. La ceremonia de toma de posesión se celebró en el Salón de Embajadores del Palacio Nacional, y al quedar vacantes las

Vasconcelos se exilió a Europa, Asia y América del Sur tras ser derrotado por Ortiz Rubio en la contienda por la candidatura presidencial.

secretarías de Justicia y de Relaciones Exteriores, se encargó a Vasconcelos ocuparse provisionalmente de ambas carteras.

A raíz del distanciamiento entre el presidente Gutiérrez y Francisco Villa, en 1915, Vasconcelos se convirtió en un "ministro a caballo", constantemente perseguido por las tropas villistas. Con la renuncia del presidente Gutiérrez comienza otro de los exilios de Vasconcelos; entonces cruza de nuevo la frontera norte, para después viajar a Cuba, a Sudamérica y establecerse temporalmente en Nueva York.

15

El refugio de la filosofía

Una arraigada costumbre de Vasconcelos era que en sus constantes viajes aprovechaba el tiempo para continuar con sus investigaciones filosóficas, el año 1916 fue muy significativo en su vida, pues termina su relación con Elena Arizmendi; pero también para el avance de su obra, con la publicación, en La Habana de su primera obra: *Pitágoras, una teoría del ritmo.*

Después de un peregrinar por América del Sur se establece en Nueva York y más tarde en California, desde 1917 hasta principios de 1920. Durante este periodo trabaja en una firma norteamericana. En una ocasión, encontrándose en San Diego un 15 de septiembre, la Junta Patriótica Mexicana lo invita a pronunciar el discurso conmemorativo de la Independencia; destacamos aquí algunos pasajes de aquel discurso, pues en él se puede apreciar la ideología que subyace en su actuar político.

> *...Yo quisiera, que como una prueba de que comprendemos la nueva situación del mundo, de que poseemos conciencia de nuestra misión histórica, de que no somos descastados ni bastardos, como una prueba de que ambicionamos construir una civilización nuestra, pero no nuestra mexicana, sino nuestra continental; como una prueba de que no somos una ruin y desorientada nación*

provinciana, sino parte viva de una gran raza ilustre y vigorosa, como una prueba de todo esto, en lo de adelante, en vez del necio y arcaico: mueran los gachupines, al llegar esta noche, todos los mexicanos exclamemos de corazón y en alta voz: ¡Viva Miguel Hidalgo y Viva España!

...Yo quisiera que aquí, entre los ausentes de la patria, entre nosotros, que por estar ausentes, poseemos una visión más amplia de los destinos comunes, se iniciase la práctica de que cada año en esta fecha, así como buscamos, sin excusas, la bandera tricolor de nuestros padres, busquemos también con igual devoción las banderas de América del sur, para enlazarlas con la nuestra y con la bandera rojo y gualda de la gloriosa España, a fin de que, enarboladas juntas, sean ellas el símbolo de lo que entendemos por patria, de lo que entendemos por honor, de lo que entendemos por ideal... A los mexicanos nos ha emponzoñado el odio, nos ha entristecido la opresión, nos ha debilitado la discordia; padecemos de ateísmo agudo, de ateísmo que reconoce ningún Dios, ningún ideal. No sólo negamos lo divino, sino que no creemos en la justicia, ni en la bondad, ni en la fuerza incontrastable de los principios; no reconocemos nada superior a la brutalidad del hecho y a la ruindad del éxito... Sin libertades públicas, todos los progresos son mentiras y todos los redentores son farsantes. Luchemos también por la justicia, puesto que un reparto equitativo de las riquezas es el único fundamento sólido de las libertades individuales... La justicia y la libertad asegurarán la concordia, y entonces nos haremos dignos de ser impulso y norte de los demás pueblos del Continente, de los demás Estados de ese grande futuro Imperio, el Imperio Latinoamericano... La ruta ancha, ilimitada, gloriosa, y en ella se prospera, por el Trabajo, por el Amor, por la Libertad.

A pesar de que en ese momento histórico se vivía en el mundo una recesión a causa de la posguerra, en lo económico la situación de México era más o menos estable y comenzaba la gran tarea de la reconstrucción nacional, sobre todo a la caída de Carranza y el ascenso al poder de Obregón, como verdadero "hombre fuerte".

Como era de suponerse, Vasconcelos veía en la rectoría de la universidad una estupenda plataforma para poner en práctica el antipositivismo del Ateneo de la Juventud. En sus ideas en contra de este sistema, Vasconcelos reconoce que el positivismo cumplió una importante función unificadora en la sociedad mexicana de fines del siglo XIX, no obstante, el positivismo se basa en la mencionada ley de los tres estadios —teológico, metafísico y positivo— y en este orden de ideas se suprime el estudio de la filosofía, por carecer de estatuto científico de acuerdo con los cánones del propio sistema positivista. En cierta forma, la ideología de Vasconcelos va en sentido contrario, pues de la observación directa de la realidad se avanza hacia una visión totalizadora o filosófica, y de ahí se llega a una concepción trascendentalista que mucho tiene de teológico.

16

Una raza por la que habla el espíritu

Una de las obras más conocidas de Vasconcelos (y también de las más controvertidas) es *La Raza Cósmica,* donde expone una tesis entre filosófica y poética que parte del mestizaje como un proceso fundante de un avance histórico que lleva a un desarrollo espiritual, lo que habría de trascender los nacionalismos para abrir el camino a la máxima realización filosófica: la patria universal.

A primera vista no se distingue en Vasconcelos si la raza procede de la cultura, o si la cultura organiza y da dirección a la raza. En La raza cósmica, se hace un énfasis en lo étnico. A una nueva raza sigue una nueva cultura; lo étnico, dice, actúa sobre la conciencia, de manera que una raza tiene una especie de misión propia.

En esta obra se postula el mestizaje como una forma de desarrollo espiritual y se otorga a la fusión hispano indígena precisamente la semilla de un avance cultural tendiente a la armonía universal, como fin último del espíritu. La relación existente entre la vida y la conciencia nacional es dialéctica. Ni la vida antecede ni la conciencia domina: una no existe sin la obra de la otra.

En La raza cósmica, al igual que en la Ética, Vasconcelos propone que la acción de los iberoamericanos hacia su destino comenzó haciendo "vida propia y filosofía propia". Juntos libertarán al espíritu, es decir, encontrarán la universalidad y la trascendencia al establecer la unidad y la homogeneidad de raza y cultura.

América Latina es una esperanza de cambio evolutivo porque se trata de una fusión de sangre en la que permanecen los valores de la vieja Europa, pero sin el anquilosamiento que esos mismos valores manifiestan en una cultura decadente.

El mestizaje ha hecho posible un alma nueva: la raza cósmica. Latinoamérica debe marchar hacia la realización de su propio destino. La dinámica de una filosofía latinoamericana consiste en convertir lo físico al ritmo de la emoción y al propósito inmaterial de la espiritualidad.

El iberoamericanismo tiene ante el mundo una personalidad peculiar, porque peculiar es nuestra unidad étnica y cultural. No nos reconocemos ni en el indígena ni en el europeo, somos la mezcla de ambos, una nueva nacionalidad en la que se funden las características, buenas y malas, de las anteriores, y por ello es una cultura más rica. Pero al iberoamericano le falta afirmarse en su ser para cumplir su misión. El principal mensaje de Vasconcelos a América es que reconozca y dignifique su propio estilo, en detrimento del monroísmo, como ideal sajón.

Mientras tanto, la dictadura de Venustiano Carranza sigue su curso, con su secuela de represión y asesinatos políticos. Por otra parte, se avecinan ya las elecciones presidenciales, teniendo como principales candidatos al general Álvaro Obregón y al general Pablo González, pero finalmente este último entra en pláticas con Obregón y se retira de la contienda. Carranza pretende establecer el caudillaje e imponer a un incondicional suyo, el ingeniero Ignacio Bonillas.

Al darse cuenta Obregón de que no es posible llegar a la presidencia por la vía democrática, decide mover sus influencias entre los militares descontentos, y a fines de 1919 visita a Vasconcelos en su casa de Playa Redondo, en Los Ángeles, invitándolo a que se una al movimiento que trata de derrocar a Carranza. Vasconcelos no manifiesta ninguna decisión, hasta que se produce la muerte de Carranza; entonces recibe la visita del general Villarreal, quien le trae un recado de Adolfo de la Huerta, quien ha sido nombrado Presidente Provisional.

Vasconcelos se traslada a México y es recibido por el propio Obregón, quien le pide que acepte el cargo de rector de la Universidad Nacional. El nombramiento, por supuesto, es otorgado por el Presidente de la Huerta. El 9 de junio de 1920, Vasconcelos es presentado oficialmente en la sede de la rectoría, donde pronuncia un largo discurso, cuya parte medular es el manifiesto de su empeño por crear un Ministerio Federal de Educación Pública que atienda, preferentemente, a las clases desvalidas en toda la república, expresando:

> *Por más que debo reconocer, y reconozco, la sabiduría de muchos de los señores profesores, no puedo dejar de creer que un Estado, cualquiera que este sea, que permite que subsista el contraste del absoluto desamparo con la sabiduría intensa o la riqueza extrema, es un Estado injusto, cruel y rematadamente bárbaro.*
>
> *...La pobreza y la ignorancia son nuestros peores enemigos, y a nosotros nos toca resolver el problema de la ignorancia. Yo soy en estos instantes, más que un nuevo rector que sucede a los anteriores, un delegado de la Revolución que no viene a buscar refugio para meditar en el ambiente tranquilo de las aulas, sino a invitaros a que salgan con él a la lucha, a que compartan con nosotros las responsabilidades y los esfuerzos. En estos momentos yo no vengo a trabajar por la Universidad, sino a pedir a la universidad que trabaje por el pueblo.*
>
> *...Para resolver de verdad el problema de nuestra educación nacional, va a ser necesario mover el espíritu*

público y animarlo de un ardor evangélico, semejante, como ya he dicho, al que llevara a los misioneros por todas las regiones del mundo a propagar la fe. Al cambiar la misión que el nuevo ideal nos impone, es menester que cambien también los procedimientos del heroísmo... Organicemos entonces los ejércitos de los educadores que sustituya al ejército de los destructores; y no descansemos hasta haber logrado que las jóvenes abnegadas, que los hombres cultos, que los héroes todos de nuestra raza se dediquen a servir a los intereses de los desvalidos y se pongan a vivir entre ellos para enseñarles los hábitos de trabajo, hábitos de aseo, veneración por la virtud, gusto por la belleza y esperanza en sus propias almas. Ojalá que esta Universidad pueda alcanzar la gloria de ser la iniciadora de esta enorme obra de redención nacional.

Poco después, la Universidad Nacional de México expide su primera circular, en la que se hace un llamado urgente a todos los mexicanos que sepan leer y escribir para colaborar en una gran campaña nacional en contra del analfabetismo, a base de profesores honorarios, a quienes se les entregará diploma, con la obligación de impartir por lo menos una clase por semana a dos o más personas que no sepan leer, y de preferencia los domingos y días festivos. La universidad proporcionará gratuitamente en toda la república cartillas de lectura, pizarras y demás útiles que sean necesarios, y como estímulo ofrece a quien acredite que ha enseñado a leer y escribir a más de cien alumnos darle preferencia para empleo en sus dependencias y en igualdad de circunstancias, procurando que en las demás oficinas del Gobierno Federal se proceda de igual forma.

Otro aspecto al que se dedica atención inmediata es lo relacionado con bibliotecas, que casi no existen en el país, dando los primeros pasos para la creación de "bibliotecas circulantes" en todo el territorio nacional. Se adquieren libros en las librerías de México y se establecen los contactos con las principales editoriales de España, a fin de que las bibliotecas cuenten con los materiales más actualizados en lengua española.

El 1° de diciembre de 1920, Álvaro Obregón toma posesión de la Presidencia de la República y pone a disposición de Vasconcelos y de la Universidad Nacional los Talleres Gráficos de la Nación, que a partir de enero de 1921 se convierten en una gran editorial, dedicada a la promoción de la lectura a nivel masivo.

Mediante un decreto emitido el 13 de enero de 1921, las prensas del gobierno pasaron a depender del Departamento Universitario, y Julio Torri, antiguo compañero del Ateneo, quedaría al frente del departamento. José Clemente Orozco era el ilustrador de esos libros; Pedro Henríquez Ureña seleccionaba las mejores traducciones al español de los grandes clásicos.

Con semejante equipo, las prensas universitarias comenzaron a producir por millares ejemplares de *La Iliada, La Odisea,* las *Tragedias* de Esquilo, Sófocles y Eurípides; tres volúmenes de los *Diálogos* de Platón, las *Enéadas* de Plotino, los *Evangelios,* un tomo de literatura hindú, *Fausto* de Goethe, y *La divina comedia,* de Dante; así como algunos textos de autores mexicanos, como *Historia de la antigüedad,* de Justo Sierra y *Los principios críticos del virreinato,* de Agustín Rivera.

Junto con los clásicos, también se editaron y obsequiaron dos millones de libros de lectura para la escuela primaria. Sin embargo, esta medida de edición y distribución masiva de libros trajo consigo una serie de críticas que rechazaban la idea de invertir tal cantidad de recursos en ese ramo, cuando en el país se vivían tantas carencias; a estas críticas responde Vasconcelos en *El desastre*:

> *No se reflexiona en que no se puede enseñar a leer sin dar qué leer. Y nadie me ha explicado por qué se ha de privar al pueblo de México, a título de que es humilde, de los tesoros del saber humano que están al alcance de los más*

humildes en las naciones civilizadas. Cerrados se mantuvieron aun al argumento decisivo, o sea la necesidad de conocer en nuestro idioma, y no en idiomas ajenos, las ideas esenciales de todos los tiempos.

Otra de las acciones emprendidas por la Universidad fue la creación del departamento de desayunos escolares. El 15 de abril de 1921 lanzó una circular invitando al personal universitario a cooperar voluntariamente con aportaciones económicas, que irían del uno al diez por ciento de su sueldo, para solventar esta nueva acción del rector Vasconcelos; él puso el ejemplo de ser el primero en autorizar el descuento del diez por ciento a su salario. De este modo, el servicio de los desayunos escolares dio inicio el 9 de mayo de 1921. Un mes después, Vasconcelos renuncia a la rectoría de la Universidad e inicia su gestión en la recién aprobada Secretaría de Educación Pública.

Una parte fundamental de su labor educativa la ocupan el lema y el escudo de la Universidad, misma que él concibe como una entidad intelectual compuesta por hombres libres que se mantienen unidos a causa de un propósito definido, y siendo este propósito de índole filosófica y humanística, no es algo propio de la administración o la política, sino que debe ser un propósito de vida, presente en todo momento, como un valor existencial; cuando piensa en la imagen logotípica de la universidad, piensa en esos términos, como una filosofía hispanoamericanista: obviamente, en el escudo, el cóndor representa a Sudamérica, y el águila a México, sosteniendo entrambos el mapa de Latinoamérica, como una gran nación y una gran raza, fruto del mestizaje cultural y en la cual se concentran todas las esperanzas que Vasconcelos expresa en *La raza cósmica*. La función redentora que la universidad habría de cumplir estaba dirigida a esa raza cultural, y a ninguna otra; precisamente en la noción poética de que por ella "hablara el espíritu".

Durante su cargo como rector de la Universidad Nacional, Vasconcelos creó el lema "Por mi raza hablará el espíritu".

En la sesión celebrada por el Consejo de Educación, el 27 de abril de 1921, se acepta la propuesta del rector, relativa al cambio de escudo de la Universidad Nacional.

En aquella ocasión, Vasconcelos hizo una explicación del lema y el escudo en los siguientes términos:

Considerando que a la Universidad Nacional corresponde definir los caracteres de la cultura mexicana, y teniendo en cuenta que en los tiempos presentes se opera un proceso que tiende a modificar el sistema de organización de los pueblos, sustituyendo las antiguas nacionalidades, que son hijas de la guerra y la política, con las federaciones constituidas a base de sangre e idioma comunes, lo cual va de acuerdo con las necesidades del espíritu, cuyo predominio es cada día mayor en la vida humana, y a fin de que los mexicanos tengan presente la necesidad de fundir su propia patria con la gran patria hispanoamericana que representará una nueva expresión de los destinos humanos; se resuelve que el escudo de la Universidad Nacional consistirá en un mapa de América Latina con la leyenda que desde hoy será el lema de la Universidad: "Por mi raza hablará el espíritu", se significa en este lema la convicción de que la raza nuestra elaborará una cultura de tendencias nuevas, de esencia espiritual y libérrima; sostendrán el escudo un águila y un cóndor, apoyado todo en una alegoría de los volcanes y el nopal azteca.

17

La Secretaría de Educación Pública

Vasconcelos concibe la educación como la puesta en práctica de una filosofía social, y forma parte de esa filosofía el pensamiento nuevo que nace en cada filósofo como resultado de colocarse ante el universo como el primer hombre que hace del mundo el objeto de su meditación. Ésta es la actitud que asume Vasconcelos y en ello radica la vitalidad de su pensamiento. Para él, filosofar es una forma de acercarse a todos los rincones de la existencia con la finalidad de descubrir un sentido en el caos y una dirección en las diversas corrientes.

La propuesta de Vasconcelos para federalizar la enseñanza fue aprobada el 3 de marzo de 1921. La labor que ahora comenzaba para Vasconcelos implicaba convertir en realidad lo que con tanto afán había pensado y dicho.

Una vez establecida la nueva Secretaría de Educación Pública, y contando con el considerable apoyo del ya presidente Álvaro Obregón, se buscó sede para la recién creada institución. Para ello se decidió remodelar el ex convento de la Encarnación, en la calle de Argentina. En la fachada quedaba plasmado el toque vasconceliano; en el centro Minerva, y a los lados Apolo y Dionisio, representando la ciencia y el arte.

Vasconcelos fue secretario de Educación Pública durante dos años y ocho meses, desde octubre de 1921 hasta junio de 1924. La verdadera dimensión del dinamismo y la capacidad que tenía de llevar su pensamiento a la acción nos la da su obra en la Secretaría de Educación Pública, creada por él mismo. En la inauguración del edificio, el 9 de julio de 1922, Vasconcelos hace votos por la prosperidad de un Ministerio que estaría consagrado al esfuerzo creador y que tiene el deber de convertirse en la fuente de una cultura liberadora.

Dividió la Secretaría en tres grandes departamentos que reflejan, como toda su obra material, la intención de plasmar en lo concreto su visión del hombre. Uno de ellos fue el departamento escolar que buscaba la unidad y coherencia de planes y métodos, así como la organización y sostenimiento de todas las escuelas. El segundo era el de bibliotecas, para la creación y difusión de la lectura. El tercero era el departamento de Bellas Artes, que tenía por finalidad la difusión del arte a través de misiones culturales y el muralismo.

Entre 1921 y 1923 prácticamente duplicó el número de escuelas, de maestros y de alumnos, abrió una gran cantidad de bibliotecas fijas y ambulantes, tanto rurales como urbanas, estableció la educación rural, hasta entonces inexistente en México. Una cuestión sin precedentes en la educación fue el presupuesto que se manejó, hasta entonces el más alto que se le había otorgado a la educación. Le fueron asignados veinticinco millones de pesos, aproximadamente el doble de lo que se le había destinado a la educación en gobiernos anteriores. Por supuesto, este nuevo presupuesto ayudó también al incremento de los salarios magisteriales.

El sistema filosófico que predicaba Vasconcelos requería el desarrollo material, representado por la educación física e higiénica, además de la capacitación técnica para el trabajo. El desarrollo ético estaba representado principalmente por el programa editorial y de distribución de libros; y el programa estético, en el que se promovía la enseñanza y difusión de las artes. Todo esto responde a la cosmovisión vasconcelista. Llevó el esquema del sistema estético al plan educativo de la escuela elemental; atendiendo a la división del conocimiento en un esquema como el siguiente: *conocimiento objetivo o ciencia de los hechos*, que incluía matemáticas, geografía, historia natural, física y química, lógica, biología y fisiología; *conocimiento ético o ciencia de la conducta*, que incluía psicología, moral, historia y sociología; y por último el *conocimiento estético o ciencia del espíritu*, que contenía las áreas de plástica, música, poética, filosofía y religión.

Al considerar el conjunto de la sabiduría según el orden indicado, el problema del maestro consiste en transmitirlo al alumno según varios métodos que exige la índole de cada enseñanza, tomando como principio orientador el hecho de que el conocimiento lleva hacia la espiritualidad, lo que pone en evidencia la contradicción existente entre el conocimiento filosófico y la copia del positivismo que fue integrada a los sistemas educativos mexicanos en la época porfiriana. Vasconcelos recurre al ejemplo de la evangelización en la conquista —lo que dio origen a la raza mestiza—: El catolicismo se extendió entre personas para quienes esa enseñanza resultaba absolutamente desconocida. Entonces, ¿por qué América Latina pronto hizo suya la fe cristiana? ¿Por qué España ha sido considerada guardián de la Iglesia católica?

Independientemente de los argumentos religiosos que puedan darse, el pensamiento vasconcelista encuentra propicio este ejemplo para su sistema filosófico, nombrado por él mismo "sistema del monismo estético". La respuesta está en el modo emotivo de conocer del iberoamericano y el papel de los frailes misioneros, que tuvieron la sensibilidad para entrar en sintonía con la emotividad de los nativos. La figura mítica del fraile misionero constituye el paradigma del filósofo educador para Vasconcelos, quien convocaba a los educadores a combatir el analfabetismo con el mismo celo e igual desinterés que el misionero que penetró en los rincones para llevar el mensaje del evangelio, de la misma manera que debía llegar el educador a los lugares más apartados del país; en esta perspectiva, la alfabetización tiene el gusto de una verdadera cruzada.

El departamento de Bellas Artes de la SEP resultó ser uno de los más llamativos, y sobre todo el que dejó a México una herencia evidente.

En aquella época, los grandes pintores mexicanos transformaban los edificios en obras de arte popular: Diego Rivera se encargaba de los viejos muros del ex convento de la Encarnación, con escenas que narraban la historia de México, en donde se representaba una lucha constante, siguiendo los lineamientos del materialismo histórico. En los muros del Colegio de San Ildefonso, José Clemente Orozco presenta el mestizaje como piedra angular de la historia nacional. Mucho otros grandes artistas participaron en ese gran movimiento artístico que se basaba en la recuperación de los valores nacionales, especialmente en el muralismo.

En los años veinte, el arte y los artistas dejarían los museos y galerías para salir a las calles, y la ciudad se convertiría en una gigantesca exposición de obra colectiva. Tal vez Vasconcelos sentía que había llegado el momento de la raza cósmica, por la que hablaría el espíritu, y veía en la educación estética el poder catártico, de manera que Latinoamérica sería una especie de horno en la que se cocinaría la filosofía del futuro.

Vasconcelos pensaba que México, con su mezcla de sangres, incendiaría al mundo; sin embargo algunos escritores, como Salvador Novo y Xavier Villaurrutia, a pesar de que se beneficiaban de la política cultural del régimen, se burlaban del filósofo llamándolo "langosta romántica". Eran los días de Tina Modotti y Edward Weston, de Lupe Marín y Diego Rivera, del *Doctor Atl* y *Nahui Ollin*, de Manuel Rodríguez Lozano y Antonieta Rivas Mercado, de Jean Charlot, Fermín Revueltas, de Xavier Villaurrutia, Salvador Novo, José Gorostiza y Carlos Pellicer.

18

La lectura como paradigma

La educación de tonalidad estético-emotiva, derivada de la filosofía vasconceliana, no podía tener otro medio sino el arte y la cultura, despojados de aquel prejuicio elitista propio del positivismo afrancesado según el cual la cultura es sólo para la aristocracia. Continuó con la tarea iniciada por la Universidad Nacional con la edición de millares de libros clásicos. En este hecho Vasconcelos había puesto grandes esperanzas. Resultaba innegable que la educación había sido hasta entonces privilegio de pocos. Existen fundamentos para pensar que antes de la llegada de Vasconcelos a la SEP había cerca del ochenta por ciento de analfabetismo en el país.

En 1921 Vasconcelos inicia la otra revolución, tenía a su lado las ilusiones de un grupo de brillantes intelectuales para llevarla a cabo: Manuel Gómez Morín, Carlos Pellicer, Vicente Lombardo Toledano, Julio Torri, Pedro Henríquez Ureña, Gabriela Mistral, Narciso Bassols, Daniel Cosío Villegas, y muchos otros. Ellos eran los cómplices contagiados con el entusiasmo del filósofo para emprender la otra revolución, la que soñaba con instalar en México la república de las letras y que consistía en dar libros a quienes antes no los habían tenido. Los libros eran el alma de esta revolución y los clásicos estaban en el alma de Vasconcelos.

Aunque el principal interés literario entre los vanconcelistas se encontraba en los clásicos, como Homero, Platón, Plotino, Dante o Shakespeare, durante esa época también se editaron las "Lecturas clásicas para niños", y las "Lecturas clásicas para mujeres".

Aquellas lecturas para niños buscaban introducir a los niños a la lectura propiamente dicha, pero una lectura formal que no subestimaba su inteligencia. En el prólogo, Vasconcelos defendía la necesidad de dar a los niños esa clase de materiales:

> *Es menester desechar el temor de los nombres que no se comprenden bien; la palabra "clásico" causa alarma; sin embargo, lo clásico es lo que debe servir de modelo, de tipo, lo mejor de una época. ¿Por qué ha de reservarse eso para los hombres maduros, que frecuentemente ya no leen? ¿Y por qué a los niños se les ha de dar la basura del entendimiento únicamente porque nosotros suponemos que no entienden otra cosa?*

En el primer tomo de las lecturas infantiles colaboraron Gabriela Mistral, Salvador Novo y José Gorostiza. En el segundo tomo participaron Xavier Villaurrutia y Jaime Torres Bodet; ambos libros fueron ilustrados por Roberto Montenegro y Gabriel Fernández Ledezma. Los libros incluían leyendas de la India, pasajes de *La mil y una noches*, episodios de la mitología griega, de *La Iliada* y *La Odisea*, pasajes bíblicos, fragmentos del *Mio Cid* y de *El Quijote*, leyendas francesas y alemanas de la Edad Media, fragmentos de *La tempestad* de Shakespeare, leyendas prehispánicas, episodios del descubrimiento de América y de la conquista de México, además de cuentos de León Tolstoi, de Óscar Wilde y otros.

"Lecturas para mujeres" era una compilación de Gabriela Mistral, amiga personal de Vasconcelos, y quien se convirtió en guía para toda una generación de maestras,

Distinguido novelista, Vasconcelos escribió *Ulises Criollo, La Raza Cósmica, La Tormenta* y *La Flama* entre otras obras muy importantes.

por medio de las cuales la mujer mexicana empezó a cumplir una función importante en la vida política del país. Con Gabriela Mistral, Vasconcelos daba a conocer sus ideas del patriotismo femenino en la acción cívica como la "maternidad perfecta", cuya tesis consistía en explicar que, si bien la familia es la base de la sociedad, la mujer, como educadora nata, es la base de la familia, es por medio de su acción que se gestan los valores y las virtudes que formarán a los futuros ciudadanos.

Un grupo de representantes de las principales editoriales del país, denunciaba competencia desleal por parte de las políticas de la Secretaría de Educación Pública y se quejaban amargamente; la respuesta de Vasconcelos era elocuente, las quejas de los editores carecían de fundamento, ya que a largo plazo ellos serían los principales beneficiarios, pues lo que estaba haciendo el sistema educativo era generar un enorme mercado de lectores, que en esos momentos no existía.

Tal vez una de las iniciativas más importantes en esa época fue la publicación de la revista especializada *El maestro*, la que se publicó en un total de catorce números, desde abril de 1921, hasta julio de 1923, teniendo entre sus colaboradores a Enrique González Martínez, Ramón López Velarde, Alfonso Cravioto, Julio Torri, Ezequiel Chávez, Jaime Torres Bodet, José Gorostiza, Carlos Pellicer, José Juan Tablada y el mismo presidente Obregón, entre muchos otros. Asimismo, publicó traducciones y textos en castellano de autores extranjeros, como José Martí, Miguel de Unamuno, Rubén Darío, Horacio Quiroga, Alfonsina Storni, y otros. En el primer número de *El Maestro*, a manera de presentación, Vasconcelos expresa:

> *El único principio que servirá de norma a los que aquí escriban y a los que seleccionen el material que ha de publicarse en nuestro periódico es la convicción de que no vale nada la cultura, de que no valen nada las ideas, de que no vale nada el arte, si todo ello no se inspira en el interés general del arte, si todo ello no persigue el fin de conseguir el bienestar relativo de todos los hombres, si asegura la libertad y la justicia, indispensables para que todos desarrollen sus capacidades y eleven su espíritu hasta la luz de los más altos conceptos.*

19

El poder como imperativo

La unidad y relativa tranquilidad que prevalecen en el gobierno se altera con motivo de las elecciones presidenciales que deben efectuarse en el año 1924, pues no obstante la afirmación de Obregón de no intervenir en el nombramiento de su sucesor, se percibe su clara decisión para dejar en el puesto a su amigo Plutarco Elías Calles, quien no cuenta con ninguna simpatía popular. Simultáneamente, Obregón tramita con los Estados Unidos los famosos "Tratados de Bucareli", con objeto de obtener el beneplácito del gobierno americano. Por su parte, Adolfo de la Huerta es llamado por grupos significativos de la política para que encabece la oposición, pero por presión de los militares lo que encabeza es una rebelión que es fácilmente reprimida.

En medio de esta tormenta, un grupo de senadores se niegan a aceptar los tratados arriba mencionados y el gobierno responde con el secuestro de algunos de ellos y el asesinato del senador de Campeche, Field Jurado. En vista de estos acontecimientos, y como protesta por ellos, Vasconcelos presenta su renuncia por vía telegráfica, haciendo mención de la falta de dinero que ha detenido el desarrollo de la Secretaría de Educación:

...Esto ya está muerto desde hace tiempo – dijo Vasconcelos a su amigo Paco Morales –, *lo está desde que Obregón se decidió a apoyar a Calles, pues no se concilian los esfuerzos civilizadores de un Departamento, con el plan de entregar la presidencia a un salvaje. Había sido un bello sueño el propósito de levantar el país por medio de la educación. Cuando apenas comenzábamos, nuestro presupuesto fue burlado y reducido para pagar las tropas adictas, para enriquecer a generales, para fortalecer de nuevo el militarismo que nos deshonra desde hace un siglo. Yo me retiraré a la vida privada, Paco, me dedicaré a escribir; he perdido aquí cuatro años de vida: no dejo en firme sino unos cuantos edificios que no tardarán en ser albergue de fariseos: y precisamente porque nuestra obra ha sido aquí noble y fecunda, ella se volverá contra nosotros. No nos será perdonada. Usted no volverá a figurar porque es honrado y leal. Y así los mejores, en esta tarea gloriosa y malograda por el ambiente, no levantarán cabeza. Sobre mí, como sobre ustedes, pesará el estigma de haber sido probos entre los pícaros, aptos entre los ineptos, patriotas entre los mercenarios, nobles entre los rufianes. Y porque nuestra obra y nuestra presencia será una acusación viva contra la iniquidad de los que vienen, no nos dejarán en paz, procurarán aniquilarnos, para que no quede en pie ni el reproche de nuestra presencia frente al mal que nos viene encima. Ya verá usted a ese Calles, posesionado del mando.*

A pesar de todo, el presidente Obregón pide a Vasconcelos que retire su renuncia y éste accede.

Poco pudo hacer Vasconcelos durante sus últimos meses de gestión. A finales de 1923, la CROM había invadido el sector estudiantil y organizó la primera huelga universitaria; en 1924, la CROM propuso, por medio de Vicente Lombardo Toledano, un programa educativo propio y opuesto al de Vasconcelos. El ministro filósofo encontraba oposición por todas partes y los compromisos de Obregón con la CROM lo tenían atado de manos.

En su gran mayoría, las iniciativas tomadas por Vasconcelos en la SEP carecieron de continuidad, con algunas excepciones, como es el caso del muralismo, pero distanciado del concepto original vasconceliano, llegando a constituirse en el brazo artístico del sistema político oficialista y con la óptica maniquea de "burgués-villano", "proletario-víctima". En un mural pintado por Montenegro, se veía al maestro Vasconcelos sosteniendo el estandarte de la Universidad Nacional; años más tarde, se borró la figura de Vasconcelos y en su lugar se pintó a una mujer del pueblo; la censura se extendió a buena parte de su obra literaria y filosófica.

En otro célebre mural pintado por Diego Rivera, ubicado en el tercer piso de la Secretaría de Educación Pública, aparece Vasconcelos de espaldas, sentado sobre un gran elefante blanco, lo que es una clara ridiculización, por parte de quien fuera uno de los principales beneficiados por el maestro.

No obstante las razones que existen para afirmar que hubo censura directa hacia la persona y la obra de Vasconcelos, una parte de su legado se encuentra detrás del lema de la revolución mexicana y de la Universidad Nacional. Vasconcelos fue un auténtico filósofo de la educación; tuvo un proyecto de hombre y de sociedad. Al asumir una concepción del hombre, el filósofo educador define su punto de partida y su metodología, determinando sus objetivos, la serie de valores y los ideales humanísticos que son su meta educativa; pero tarde o temprano el educador tiene que darse cuenta de que los hilos de la cultura no pueden manejarse con eficacia sino desde más arriba, y entonces el acceso al poder se vuelve un imperativo.

20

La experiencia de Oaxaca

Se acercan las elecciones para gobernador del Estado de Oaxaca, y un grupo de ciudadanos ofrece a Vasconcelos su apoyo, contando con buen financiamiento y en contra de un político y general semianalfabeto llamado Onofre Jiménez.

Ante la situación conflictiva en la Secretaría y la posible candidatura de Calles, Vasconcelos decide aceptar la postulación para gobernador de su Estado natal y presentar por segunda vez su renuncia a la Secretaría de Educación, aduciendo el deber de solidaridad política con la gente de su Estado.

En esta ocasión sí le es aceptada la renuncia y Vasconcelos sale de inmediato con rumbo a Oaxaca para comenzar su campaña, pero al mismo tiempo comienzan las actividades de los agentes del gobierno de Obregón, quien estaba interesado en no permitir que un personaje de la categoría de Vasconcelos accediera a una gubernatura, pues eso restaba poder al gobierno federal.

Las elecciones se llevan a cabo el domingo 4 de agosto de 1924 y desde las primeras horas se percibe el triunfo aplastante de Vasconcelos, al grado de que los diarios de la capital lo anuncian como el nuevo gobernador aun antes de celebrarse el cómputo oficial.

Sin embargo, todo está arreglado y establecido desde

México para impedir el ascenso de Vasconcelos; los cómputos son manipulados de la manera más burda y los principales partidarios de Vasconcelos son amagados por soldados del ejército federal e incluso algunos aprehendidos. Las protestas y las quejas son acalladas con lujo de violencia. Para mediados de agosto, Vasconcelos regresa a la ciudad de México y se entrevista con el secretario de Gobernación, Colunga; pero todo es inútil, el equipo de cómputo de los votos y el Congreso Local, siguiendo las órdenes de Obregón otorgan el triunfo al general Onofre Jiménez, declarando, el 26 de septiembre, que obtuvo 100,070 votos, contra 33,600 de Vasconcelos.

21

La Antorcha y la lucha ideológica

Después del fraude electoral en Oaxaca se le presenta una disyuntiva existencial: el abrir nuevamente su despacho y dedicarse a la profesión, dada su experiencia y contactos personales, le hubiera permitido un fuerte ingreso económico, además de la tranquilidad familiar; por otro lado estaba aquel impulso interno que lo llevaba a la expresión de su filosofía social, por lo que decide publicar una revista con tendencias hispanoamericanistas en lo cultural, pero que al mismo tiempo fuera políticamente combativa. Así nace *La Antorcha,* con oficinas en la calle de Regina, en la ciudad de México, y el primer número aparece el 4 de octubre de 1924.

Unos días antes, su amigo y compañero del Ateneo, Carlos González Peña le arregla una colaboración semanal en el diario *El Universal* autorizándolo para que esos mismos artículos se reproduzcan en otras publicaciones de provincia y el extranjero, lo que le permite un cierto desahogo económico. Con esos ingresos, con sus ahorros, y sobre todo con el deseo de apartarse del medio político callista, decide hacer un largo viaje, contando con que puede enviar sus artículos desde cualquier lugar.

En mayo de 1925 sale de México, dejando al filósofo Samuel Ramos al frente de *La Antorcha,* y se embarca a Europa, deteniéndose por dos días en La Habana, donde pronuncia un discurso en la Universidad, en esta alocución se vierten conceptos que bien podrían ser aplicables ahora a la política internacional y sobre todo a la situación de Cuba:

> *Debemos aceptar el lema argentino: "América para la humanidad". Que no se diga: "Cuba para los cubanos". Frente a los sajones que pretenden la hegemonía de los blancos, tengamos una patria sin fronteras nacionales, para todos, sin distinción de razas, para blancos, negros e indios, y en donde los ingleses tengan su lugar como los otros y no haya más predominio que el de la virtud. Cuba ha tenido un momento aciago en su historia: el de su "Enmienda", pero otros pueblos de América nacieron sin trabas y, sin embargo, luego han mermado su libertad con tratados y sin ellos. Los cubanos han sabido, tras una lucha étnica, que ya se vislumbra un futuro inmediato en el que la "Enmienda" desaparezca. He recibido una lección de fe y de esperanza al ponerme en contacto con esta juventud cubana que mayoría a minoría, se orienta hacia los ideales de justicia social.*

Continúa la travesía y desembarca en La Coruña, para pasar a Portugal y seguir a España. En Madrid, las autoridades nombran un comité para agasajarlo, ofreciéndole algunas recepciones. Era la época en la que gobernaba Primo de Rivera, quien había ascendido al poder por medio de un golpe de Estado, y los republicanos luchaban para derrocarlo. Entre los disidentes se encontraba don Ramón del Valle Inclán, quien había estado en México durante la gestión de Vasconcelos como ministro, así como don Miguel de Unamuno, a quien se había expulsado de la Universidad de Salamanca, además de muchos miembros prominentes de la intelectualidad española. Los diarios madrileños lo entrevistan y le piden declaraciones; en general él habla del régimen militarista de México, que se asemeja mucho al español.

El día en que estos pueblos hispánicos – dice – *gasten más en maestros y menos en soldados, comenzaremos a salir de nuestra decadencia... Me entristece la historia de España, en la Península y el Nuevo Mundo... Acabo de ver una placa que recuerda el lugar donde estuvo preso Cervantes; tal es el ritmo de nuestra historia: el genio en la cárcel y en el poder los imbéciles... Al contrario, Inglaterra otorga el poder al genio; por eso derrotó a la Invencible; por eso también los anglosajones nos han quitado el dominio del mundo, nos han hecho en América esclavos y a España pretenden portugalizarla...*

A su paso por Sevilla, en el Archivo de Indias

...uno de los archiveros me tomaba por su cuenta para disertarme sobre la historia. La tenía tomada, con razón, contra las Casas, diciendo que era un fraile exagerado y revoltoso que ha servido de bandera a los franceses y a los ingleses, para desprestigiar a España... El iniciador de la "leyenda negra"... Defensor de los indios, sí, pero no tuvo empacho en sancionar la esclavitud de los negros...

Estando en Barcelona se da tiempo para visitar el convento de Montserrat y de regreso, al bajar caminando, se recrea en las estaciones del Viacrucis católico con sus monumentos intactos,

... y no pude menos que pensar en la infamia de nuestras leyes de Reforma que, al prohibir el culto externo, han dejado perecer obras de arte como aquel Viacrucis que iba de la capital al Santuario de Guadalupe. Al contrario de nosotros, Europa, que tanto tiene, nada destruye; con el mismo amor cuida el acueducto romano que la mezquita...

Se embarca para la isla de Mallorca y ya recostado en su litera escucha que al lado comentan: ... *¡Qué tonto*

Vasconcelos!... se hubiera dejado querer, se hubiera abstenido de andar haciendo declaraciones y tomando partido y... ¡qué gran recibimiento le esperaba por toda España!... Un mexicano que ama a España. Eso no cabe dudarlo.

Y en sus memorias nos dice que, según le entraba el sueño

> *...el eco de la conversación se fue perdiendo y mi fantasía tomó por su cuenta los cabos sueltos del comentario... ¿Tenían acaso razón mis críticos?... ¿Por qué había rehusado las satisfacciones de una recepción unánime y tranquila, con ventajas oficiales y oportunidades de ver más que el viajero ordinario?... ¿Tenía algún objeto que yo hubiera externado opiniones, confabulándome, exteriormente quizás, con los disidentes? ¿Qué extraño destino fracasado era el mío que siempre me llevaba a posiciones de perseguido y de víctima y de condenado a la mediocridad en lo material? En segunda y en tercera había viajado, a fin de economizar en los gastos y para poder cumplir todo mi proyecto de itinerario, por lo menos hasta Constantinopla. Bien podía haber hecho este viaje en comisión diplomática, como tantos otros y con que sólo me hubiera prestado a separarme del gobierno sin rompimiento ostensible... ¿Tenía algún sentido mi radicalismo que me parecía casi heroico, pero que el público en general calificaba de soberbia y de rencor? ¿Había algún odio en verdad en el fondo de aquellos desplantes que han sido mi carga? Es tan difícil hallar el límite que separa el amor del odio en los casos en que una actitud se vuelve pasión. ¿Pero, a quién habría de odiar y por qué? Personalmente, el rey de España ningún daño me había causado, al contrario, me hubiera recibido, me hubiera condecorado; sin embargo, yo lo atacaba. ¿Recibiría de verdad el pueblo algún beneficio con esos ataques? ¿Saldría alguien ganando en México con mi sacrificio? ¿Lo reconocerían siquiera como tal o convendrían todos en lo que ya se*

proclamaba en público: que era yo un despechado y un ingrato? ¿Despechado porque no acepté la legación de un presidente criminal? ¿Ingrato porque no quise acompañar a Obregón a la ignominia de los Tratados de Bucareli y el asesinato de Field Jurado? Nadie se habría puesto a atacarme si no sigo pegando al gobierno; al contrario, todas las puertas se me habrían abierto en Europa, y en lugar de viajero de segunda categoría, los hoteles lujosos, las residencias y las academias, las universidades me habrían rendido pleitesía. Y en los cabarets de lujo, las mujeres más bien plantadas me habrían hecho señales amables. Y como en lo personal nadie podría achacarme crimen, ni robo, todavía podría ufanarme de puritanismo político con sólo apartarme para no participar directamente en la infamia. Esto es lo que el mundo quiere: que si se protesta, se haga sin escándalo; que si no se roba, se deje robar; que si no se mata, se esté uno quieto y en paz con los matones. Esta suerte de discreción es lo que mejor premia la contemporaneidad. Pero el alma exige, para estar en paz, que el equilibrio lo establezcamos en relación con los valores eternos, no con el convencionalismo y las circunstancias de la hora. El éxito mantenido a costa de silencio decoroso y del disimulo de la iniquidad se llama, en el lenguaje de la verdad, fariseísmo. Y le apestan al fariseo los buenos manjares y el lujo se le hace lepra. En cambio, era limpio y sabroso el pan que compraban mis centavos bien habidos, y llevaba despejada el alma para entrar en el tesoro de los buenos paisajes y en el mejor arte del mundo. Libre de compromisos si se quiere, desprestigiado como hombre de mundo, recorría los museos y me extasiaba en los campos, me metía a orar en las iglesias. ¡Bien pecador, pero no sepulcro blanqueado! Y cargado con mis culpas, pero no de cómplice del crimen público, que es el sostén de los malos gobiernos. Y ya que no podía ensayar la santidad que se abstiene del pecado, por lo menos procuraba mantener la pelea a distancia, mientras podía reanudarla en el terreno del deber patriótico. Un continuado esfuerzo de heroísmo cívico, aliviaría sin duda el peso de otras faltas. El destino me había impuesto desde la juventud la tarea de bregar por la dignidad pública de un pueblo servil, de luchar por la libertad de un país de dictaduras y no traicionaría esta porción secundaria de mi actividad, secundaria en relación con el fin de la vida, que es para todos el descubrimiento del alma propia, su cultivo, su purificación y su salvación. Por otra parte, el género de libros que estaba preparando, dedicados a las cuestiones de la moral, la estética y la verdad, exigía el respaldo de una conducta cívica, no sólo intachable, también sacrificada, cada vez que fuese honroso el sacrificio. Sí, tenía razón mi ángel tutelar que me enseñaba la áspera ruta por donde es preciso salvar pasos cada vez más escarpados, cada vez con menos amigos, con menos alianzas, discutido y negado de todos, pero fiel a la misión propia; en armonía con los valores del bien, la verdad, la belleza absoluta, no la belleza que se compra en los cabarets.

22

Cátedra y política

Con todo y su sacrificada misión a cuestas, suspende su viaje para aceptar una cátedra de Sociología Hispanoamericana en la Universidad de Chicago.

El término del curso coincide con las convenciones que se llevan a cabo en México, con objeto de elegir candidatos independientes a la Presidencia de la República, resultando electo en la primera convención el general Francisco Serrano, y en la segunda el general Arnulfo Gómez; pero se presenta el caso de que en ambas convenciones se maneja el nombre de José Vasconcelos como posible candidato. El ingeniero Vito Alessio Robles le manda un telegrama para informarle que figura como candidato, contestando Vasconcelos que *...Están trabajando en favor de un submilitarismo, lo que daría por resultado que la opinión pública se inclinase por Obregón, que, por lo menos, representaba el militarismo.*

El texto del telegrama es publicado por la prensa mexicana y los obregonistas lo difundieron ampliamente, pues la idea del "hombre fuerte" podía, efectivamente, ser un acicate para las masas.

Sale de Chicago con un contrato de seis meses para el año siguiente y regresa a Europa en plan de vacaciones, pues su idea es instalarse definitivamente en los Estados Unidos. Junto con su familia hace un breve recorrido por Padua, Nüremberg, Estrasburgo y Berlín. Finalmente regresa a París y de ahí viaja a los Estados Unidos, donde un reportero americano le inquiere su opinión acerca de la posible reelección de Obregón; la respuesta de Vasconcelos es tajante: *Sobre eso no se opina, sobre eso se escupe.* Para esas fechas, el gobierno callista ya había liquidado y ejecutado a los generales Serrano y Gómez, estando limpio el camino para la reelección de Álvaro Obregón, habiéndose modificado la Constitución para permitirlo.

Desde su estancia en la Universidad de Chicago, su amigo el ingeniero Garfias, le arregla un curso de verano en la Universidad de Standford, a donde se traslada a cumplir su compromiso de veinte lecciones y sigue a la Universidad de Berkley para dictar tres conferencias sobre el problema hispanoamericano desde el punto de vista económico, racial y político. En esos momentos, la prensa americana publica el asesinato de Álvaro Obregón, por lo que se le acercan los periodistas para preguntarle su opinión, a lo que él contesta:

> *Cayó un tirano, pero, por desgracia, sigue en pie otro que será más funesto; ahora que queda libre y se ha deshecho de su jefe... Sí, se ha deshecho de su estorbo... La muerte de Obregón estaba ya prevista. Y es el principal culpable de ella uno que presidirá sus funerales.*

Es evidente la alusión a Calles, por lo que esta declaración causó gran revuelo a nivel internacional.

En México se produce un gran desconcierto político y crece el temor de que Calles se entronice en el poder, por lo que se despierta una fuerte corriente de tendencias democráticas civilistas que ven en Vasconcelos, como símbolo y como persona, la salvación de México, por lo que muchos grupos independientes, e incluso corrientes políticas asociadas al régimen, proclaman a Vasconcelos candidato a la Presidencia de la República.

23

Hacia la presidencia

En septiembre de 1928, desde San Antonio, Texas, Vasconcelos contesta afirmativamente a la invitación de don Vito Alessio Robles para que se adhiera al Partido Nacional Antireeleccionista. Y a principios de octubre, desde Pasadena, contesta el telegrama del profesor José A. Luna, dirigente del Centro Revolucionario de Principios, formado por antiguos maderistas: *Ya me ocupo de cancelar mis compromisos universitarios para estar en esa oportunamente y para colaborar con ustedes en la lucha cívica.*

En el mismo mes de octubre, el Partido Renovador Estudiantil propone la candidatura en forma oficial, avalado por ochenta firmas de los personajes más destacados en la cultura nacional y la lucha política independiente. Al ser entrevistado sobre esta propuesta, Vasconcelos expresa:

> *Yo sé que hay un gran anhelo de reconstrucción y veo la necesidad de salvar a la patria; y en ningún caso la palabra salvación ha estado más justamente empleada, porque por muy escépticos que seamos no nos damos cuenta de la enormidad del peligro... Es cierto que seré partidario de una política severa en el sentido de que no debe haber consideraciones ni con la deshonestidad ni con la violación de los principios; pero al mismo tiempo me da confianza el hecho de que no llevo en mi corazón rencores*

ni tengo que resistir ofensas personales, y soy de los pocos mexicanos que pueden afirmar que no tienen enemigos; pero al mismo tiempo yo soy el enemigo, aunque sea un humilde enemigo de todos los que han violado la verdad y la libertad.

El mediodía del 10 de noviembre de 1928, entra Vasconcelos al país por Nogales y es recibido con júbilo y entusiasmo por todas las clases sociales, en la misma forma en que fue despedido por los mexicanos residentes en Los Ángeles. Entra en territorio nacional y llega a Nogales, Sonora, donde pronuncia un discurso que tiene una gran repercusión en toda la república, y de hecho significa el inicio de su campaña política; de ese discurso se destaca lo siguiente:

Vuelvo a la patria después de uno de esos lapsos de dolorosa ausencia y me sorprende la fortuna al llegar... para revelarme la fuerza que late en el pueblo... para decirme por voz de los compatriotas aquí reunidos y por las voces de otros muchos hermanos que es la hora del destino la que vuelve a ofrendarnos una ocasión salvadora. Y hay razón para que nos preguntemos todos afanosamente si va a pasar otra vez en balde la ocasión... Los fariseos de la Revolución, en todo el mundo, se distinguen por la complacencia y el aplauso que otorgan las dictaduras con el pretexto de que mediante ellas se pueden implantar tales o cuales reformas; pero la práctica enseña que la dictadura corrompe aun a los mejores, y se vuelve el predominio de una facción lo que debió ser victoria de todo un pueblo. De semejante, fatal pendiente, sólo puede liberarnos un retorno al programa integral de la Revolución. Hay que añadir en el programa económico de distribución agraria y de reivindicación obrera, también la libertad que obtiene el castigo de los malos funcionarios y desenmascara a los revolucionarios falsos... Es urgente fijar las responsabilidades de ese amo absoluto que es entre nosotros el Presidente... es bochornoso que se le tolere el grado de irresponsabilidad que no tienen los reyes en los países civilizados... Urge, pues, reformar la Constitución en el sentido de que el Presidente sea enjuiciable en casos como los de violación electoral manifiesta, o cuando se consumen fusilamientos, prisiones arbitrarias o expulsión de ciudadanos... Podemos hacernos ricos en el trabajo, en la perseverancia y la economía, y ya después será fácil, en una o dos generaciones, liquidar todos estos compromisos de la discordia. Pagar a nuestros acreedores será entonces rescatar nuestra soberanía... México, ¡levántate!... La más grande de las amenazas de toda tu historia se urde en estos instantes en la sombra; pero aún hay fuerza en tus hijos para reconquistar el destino. Deja que los menguados vacilen... tus hombres están de pie, y por el viento pasan himnos de regeneración y de victoria. Adelante..¡A la victoria!

La gira que proyecta tiene como objeto llegar a Guadalajara, pero sin descuidar todas las poblaciones de la ruta, organizando clubes, incrementando partidarios y reafirmando su postura de oposición a todas las prácticas viciosas que subsisten. En Hermosillo pronuncia su primera conferencia de paga, quedando llenas las localidades desde temprano. Este será el procedimiento a seguir para reunir los fondos que requiere el movimiento. En gran parte, la campaña de Vasconcelos la pagó el pueblo. En todas partes es recibido con música, serpentinas, cohetes, flores y un entusiasmo desbordante. En Guaymas hace las declaraciones siguientes:

Cuando sea presidente, si el voto popular me favorece, dejaré un ministerio acéfalo para atenderlo directamente; y ese sería el de Educación Pública. Esto quiere decir que la mayor parte del presupuesto se gastará en educación,

Vasconcelos en su protesta como candidato a la Presidencia de la República.

y esto será fácil, puesto que no son necesarios contingentes de fuerza armada, ni los gastos de espionaje de los consulados, ni los gastos de la tiranía para sostenerme. Tampoco tendré que cohechar a mis partidarios ni enriquecerme. Por lo mismo, habrá dinero en las arcas...

Al llegar a Guadalajara comienza la abierta represión: apenas bajando del tren y ser recibido por un grupo numeroso de partidarios, un comando de rufianes arremete a garrotazos contra la gente reunida, llegando a agredir a la comitiva; entre la confusión y el desorden el grupo que protege a Vasconcelos logra subirlo a un automóvil y llevarlo a un hotel cercano, donde se instala con sus allegados, algunos de ellos sangrantes por los golpes recibidos.

Para esa tarde estaba programada una conferencia en el Teatro Principal, pero las autoridades niegan el permiso para que se celebre, por lo que la multitud que esperaba escucharlo se dirige a la sede del Partido Revolucionario Jalisciense, que era vasconcelista, para celebrar un mitin en el que hablan varios oradores y Vasconcelos les dirige la palabra; sobre ello publican los periódicos al día siguiente:

> *POR FIN PUDO HABLAR EL LICENCIADO VASCONCELOS... Un mitin con asistencia de doce mil oyentes en la Plaza de la Universidad en el que expresó: "Felicito al pueblo de Jalisco, porque conmemora la fiesta de la Constitución con ejércitos democráticos, acudiendo en masa a los mítines de la libertad... Me llaman reaccionario, aquellos mismos que de la Revolución han sacado los latifundios y los palacios. Me llaman clerical porque no exigía yo en la Secretaría de Educación que los maestros practicaran el protestantismo; me llaman reaccionario porque no me fijo en la secta a la que pertenece un hombre, sino en la sinceridad con que vive; reaccionario, porque no me importa la bandera a que esté afiliado el ciudadano y sólo busco que su conducta sea lo suficientemente clara y capaz...*

Todavía en Guadalajara, lo entrevistan en privado dos representantes del general Goroztieta, el jefe de los cristeros, movimiento que para esas fechas se encuentra bien organizado y armado, con un saludo de su parte y una invitación para que, en caso necesario, se vaya con ellos a la montaña. Vasconcelos les hace saber que no tenía intención de recurrir a las armas antes de probar la vía democrática, y les pregunta cuánto tiempo podría sostenerse el general Goroztieta en pie de lucha; ellos le responden que podría sostenerse hasta dos años, y él replica: *Pues díganle al general que, después de las elecciones, escapo con rumbo a su campamento.*

Sobre esto comenta Vasconcelos en sus memorias:

Para mí, era salvador, y para la oposición también, pues yo preveía que todo lo que iba a necesitar era una base para dar comienzo. La rebelión, en seguida, se haría nacional. Ya podíamos echar discursos, buenos o malos, a su tiempo hablarían las armas, única manera de echar abajo una tiranía enraizada en la fuerza y en la usurpación.

Unas semanas después, estando en Uruapan, le llega la noticia de que el general Escobar se ha levantado en armas; Vasconcelos reprueba ese movimiento, pues juzga que se trata de una disputa entre militares callistas contra militares obregonistas.

24

Triunfos y tragedias de campaña

Después de largo peregrinar político, finalmente, el 10 de marzo de 1929, Vasconcelos llega a la ciudad de México. Antonieta Rivas Mercado, quien ya se había vuelto su compañera inseparable, narra el suceso de esta manera:

> *En La Venta de Cuajimalpa, última estación antes de iniciar el descenso que conduce a la villa de Tacubaya, suburbio de la capital, estaban amigos fieles, que impacientes, se habían adelantado para ser los primeros en estrechar su mano. A lo largo del camino, la gente se agregaba; arroyo que pronto sería río. Cuando llegó a la cabecera del Paseo de la Reforma, cerraba el paso la multitud. Todo México se había dado cita. Y desde ahí hasta la plaza de Santo Domingo, 7 kilómetros que tardó en recorrer cuatro horas, tan espesa era la valla flexible que milímetro a milímetro hubo de surcar en el coche donde, de pie, descubierto, rompiéndose los ejes bajo el racimo humano, que intentaba acercarse más a él, entró Vasconcelos a la antigua Tenochtitlán, envuelto en el delirio de la multitud que agitaba en las manos palmas triunfantes. Multitud loca, de locura divina que arrebataba a la patria entera. La sonoridad de las bandas anegadas por los gritos, sólo que de cuando en vez el silencio que apuntaban hacía oír la claridad de las trompetas: el clamor*

humano tenía de plegaria, de aleluya, de resurrección. Al llover las flores, un dulzor desconocido rebosaba en los corazones: era el sol de la bienvenida. México palpitaba, México vivía. En uno de los tantos altos, la intuición traspasó la boca de un orador (Alejandro Gómez Arias), con esta frase: "Hoy que es domingo de ramos"...

En la plaza de Santo Domingo pronuncia un discurso en el que alude a la voluntad responsable del pueblo, que se ha reunido para propiciar el advenimiento de un gobierno totalmente distinto de aquellos que, durante toda la historia del México independiente, habían sido producto de la toma violenta del poder por grupos hegemónicos, apoyados en la milicia, en la ideología y en la fuerza militar. Seguramente, esta fue la primera ocasión que se presentaba en México un candidato presidencial con el apoyo del pueblo, en un acto de civilismo auténticamente democrático. Habría que imaginar la inquietud de la estructura política y militar dirigida por el "Jefe Máximo". Aquello tenía que ser reprimido a toda costa.

Grupos más o menos organizados de estudiantes y trabajadores toman la campaña por su cuenta y organizan manifestaciones de apoyo por toda la ciudad, principalmente cerca de las fábricas y en los barrios proletarios... *De las bocas de los falsos revolucionarios irá a rescatar el verbo de la Revolución esta juventud que para orgullo mío y bien del pueblo de México, me sigue* —exclama Vasconcelos.

El ímpetu del vasconcelismo barre con los demás candidatos, quedando sólo como oponente el ingeniero Pascual Ortiz Rubio, un funcionario anodino que había sido embajador en Brasil y era apoyado por Calles, tal vez para dar la impresión de que se quería pasar del militarismo al civilismo.

En aquel momento se jugaba el futuro de México y aunque desde luego se sabía que Calles no cumpliría la palabra empeñada de respetar el voto y que era manejado por

Morrow, el embajador de los Estados Unidos, Vasconcelos tenía una carta que para nadie era oculta, y era el apoyo del general Goroztieta, quien tenía un ejército organizado en la zona de los Altos de Jalisco, lo que sería un punto de partida para un levantamiento nacional de grandes proporciones. Ante esta situación, y seguramente en el supuesto de que Vasconcelos, como presidente, no sería en absoluto un pelele de Washington, el embajador Morrow se mueve rápidamente para conseguir un acuerdo diplomático con el Vaticano y dar fin al conflicto religioso, y con ello desarmar al ejército cristero; ese es el origen de los famosos "arreglos", con lo que se logró la desarticulación del movimiento cristero, quitando al vasconcelismo, por un lado, la bandera ideológica de la defensa del catolicismo, y por otro lado la base de fuerza militar organizada y actuante que representaba Goroztieta.

En estas circunstancias, Vasconcelos continúa su campaña por toda la república, siempre con resultados halagadores. Simultáneamente se realiza la convención del Partido Nacional Revolucionario para elegir su candidato a la Presidencia de la República, siendo el más nombrado Aarón Sáenz; pero, como ya hemos dicho, el Jefe Máximo ya había hecho su elección, por lo que el candidato del PNR fue Ortiz Rubio.

Durante un mitin en Puebla, Vasconcelos habla claro de la injerencia de los norteamericanos en la política de México, con lo que se reitera la actitud hostil del embajador Morrow:

> *Si la opinión fuese burlada, yo sé que todos los que se respetan, yo sé que todos los hombres, todos los ciudadanos, preferirían arrostrar todos los peligros, jugar su destino entero antes que permitir que México siga siendo lo que es hoy, un país cuyo destino no se resuelve nada más en México, sino también en Washington. Yo los invito a que nos ayuden a formar un México autónomo, un México*

que resuelve sus asuntos en su propio territorio, y en ese mismo instante verán que México no tendrá gobierno de fuerza ni gobierno de imposición, porque estos son tan débiles y tan mezquinos que acaban solicitando al extranjero lo que no les da el corazón de los hijos de su propio país.

En el mes de mayo se dirige al puerto de Veracruz para regresar a Córdoba y Orizaba tomando contacto con el movimiento obrero de las fábricas textiles y recibe la noticia de la muerte del general Goroztieta, caído en una emboscada del ejército federal. Poco tiempo después, el 21 de junio, con la intervención directa del embajador Morrow, que en su carro especial de ferrocarril trae a los prelados Ruiz Flores y Pascual Díaz, se soluciona el conflicto religioso y los templos se vuelven a abrir al culto. Más que nadie, Vasconcelos se da cuenta de que éste ha sido un "golpe bajo" de parte de los norteamericanos...

A nadie hablé de este cambio de suerte en que vi un aviso de que se alejaba la hora de la regeneración de los Mexicanos. Salir con honor del enredo sangriento, eso era lo único que nos quedaba por hacer. Y por lo pronto, no dar a conocer juicios que hubieran hecho cundir el desaliento.

Después de los "arreglos", la represión en contra del vasconcelismo se desata abiertamente. En Pachuca, pocas horas después de que es recibido Vasconcelos, con el entusiasmo de siempre, son aprehendidos varios partidarios, y después de ser golpeados por la policía, son arrojados a los calabozos. En Torreón, policías acompañados de pistoleros, ametrallan a la multitud en la Plaza Juárez, así como también es tiroteada la fachada del hotel "La Española", donde se hospeda el candidato, y la casa del Dr. Salvador Lara, Presidente del Comité Vasconcelista en Torreón; de estos hechos se produce un muerto y varios heridos. En

Tampico, dos jóvenes vasconcelistas son asesinados por la policía y en otras ciudades las manifestaciones terminan en zafarranchos al ser agredidas por grupos de choque. En la ciudad de México son secuestrados y asesinados varios líderes importantes del vasconcelismo, entre ellos el que se consideraba el más brillante orador del vasconcelismo: Germán del Campo.

A pesar del clima de violencia, Vasconcelos termina exitosamente su gira en el norte del país y decide regresar a México. Sus asesores le aconsejan que el regreso se haga con el mayor sigilo, pues pudiera ser que el pueblo amedrentado, no respondiera con el mismo entusiasmo de la primera vez; pero él insiste en la necesidad de mostrarse públicamente y propiciar un gran recibimiento, como un eficaz cierre de campaña.

A bordo del tren que lo llevaría a la ciudad de México, Vasconcelos viajaba encerrado en uno de los vagones con Antonieta sentada ante la máquina de escribir; por supuesto sus colaboradores pensaban que trabajaba en su plataforma política o en su discurso del día siguiente, pero la verdad era que daba los últimos toques a su libro *Tratado de metafísica,* pues quería aprovechar su estancia en la capital para entregar, en la editorial Botas, el original para su publicación.

Los críticos de Vasconcelos le reprochaban el no tener un programa político propiamente dicho, y aseguraban que no era conveniente dejar las riendas del país a un iluso romántico. Lo cierto es que la propuesta política vasconceliana tenía una connotación filosófica tan amplia que no se podía reducir a términos político-económicos. Vasconcelos tenía la convicción de que en orden de importancia estaba la filosofía, por lo que en primer lugar tendría que resolverse la cuestión humana por medio de la educación, la estética y la cultura, para abrir la conciencia y crear en los ciudadanos identidad, acción y valores éticos y cívicos, sólo entonces podía hablarse de los demás ámbitos, como el político —consecuencia directa de lo ético— y más tarde el económico, con bases mucho más sólidas que las del artificioso engendro del liberalismo.

El día 5 de octubre llega a la capital, pero se baja del ferrocarril dos estaciones antes, para dirigirse en coche a la casa del ingeniero Méndez Rivas, en Popotla, para iniciar, al día siguiente, su entrada espectacular en la ciudad. El recorrido se inicia por la calzada de Tlalpan pronunciando su primer discurso en el Jardín de San Fernando, frente al lugar donde semanas antes fue asesinado Germán de Campo; ahí Vasconcelos promete que se levantará un monumento en honor del mártir.

Ya en el centro de la ciudad se reúne una gran multitud y Vasconcelos comenta: *Ahora podrán convencerse los escépticos de que el México verdadero está en pie.*

Pero a los pocos días se oscurece el panorama con la noticia del asesinato, en Tampico, del licenciado Aurelio Solís, presidente del Partido en Tamaulipas. Unos días después se produce el asesinato de otro importante dirigente en Los Mochis. Estos acontecimientos revelan la disposición del gobierno de no dejar que fluya el movimiento vasconcelista y predice su derrota en las urnas, por lo que no queda más remedio que proceder a la organización de una respuesta armada, de manera que las habitaciones del candidato, en el hotel Princess, se convierten en un centro de conspiración. Por conducto del ingeniero Méndez Rivas conoce al general Bouquet, militar de escuela, quien había estado involucrado con el movimiento cristero y que está dispuesto a encabezar la rebelión. Herminio Ahumada se mueve en Sinaloa, repartiendo armas y reclutando adeptos, y lo mismo realiza el profesor Abraham Arellano en Coahuila y algunos otros en diferentes lugares del país.

25

La derrota inaceptable

Al acercarse las elecciones, el 8 de noviembre, sale Vasconcelos para Guadalajara, prácticamente de incógnito, con objeto de presenciar la demostración nacional de fuerza que se tiene planeada en toda la república. Se trataba de manifestaciones que se realizarían simultáneamente en las principales ciudades del país, cuya finalidad era oponer la evidencia de las multitudes a las artimañas de los números.

En la ciudad de México, la enorme manifestación desfila por la avenida Juárez, después por el Paseo de la Reforma, hasta llegar al Castillo de Chapultepec, para pedir garantías a Portes Gil, pero son recibidos por la tropa con bayoneta calada.

En esos días, un representante de Vasconcelos, el ingeniero Evaristo Paredes, se traslada a Washington para tomar contacto con el Departamento de Estado e intentar que se formule una declaración de neutralidad y abstención con respecto a las elecciones mexicanas, pero no es siquiera recibido por funcionarios menores. Sin embargo, el 10 de noviembre de 1929, el *Washington Post*, publica una importante y esclarecedora nota editorial:

El próximo domingo 17 de noviembre, se celebrarán en México las elecciones presidenciales. Los candidatos son

José Vasconcelos y Pascual Ortiz Rubio. Ortiz Rubio fue nombrado y es apoyado por el grupo que controla México, dominado por Plutarco Elías Calles. El pueblo indudablemente prefiere a Vasconcelos y lo ha demostrado en cuantas oportunidades se la ha permitido. Los Estados Unidos no tienen derecho a interferir con los deseos del pueblo mexicano, y aunque esto no ha sido expresado oficialmente, es manifiesta la preferencia del gobierno de los Estados Unidos por Ortiz Rubio, en vista de que pertenece al grupo que controla el ex presidente Calles. Se dice que la íntima amistad entre el embajador Morrow y Calles facilitará la solución de los asuntos pendientes Mexico-Americanos, más de lo que pudiera esperarse de negociaciones con un nuevo régimen. Mucho daño se ocasionará de esta situación que se está desenvolviendo. Los partidarios de Ortiz Rubio impunemente emplean y acuden a los métodos represivos y despóticos durante las elecciones, convencidos de que los Estados Unidos, secreta o abiertamente desean que sea el sucesor de Portes Gil. Por otro lado, no es de esperarse que los partidarios de Vasconcelos humildemente se resignen a someterse a esta situación si llegan a convencerse de que la elección de su candidato ha sido frustrada por la intervención americana. Temen que cuando el congreso examine la votación, los resultados sean en tal forma alterados, que Ortiz Rubio sea declarado el vencedor aunque Vasconcelos haya recibido una gran cantidad de votos. Es muy posible que este atentado precipite la violencia y demostraciones antiamericanas. En situaciones similares, cuando los representantes de los Estados Unidos han obrado con parcialidad, tomando partido en las elecciones de naciones amigas, el gobierno de Washington ha expresado que no es su propósito y no intervendrá en la política de esos países. Una declaración de este tipo es lo que se necesita en estos momentos con respecto a México.

El día de las elecciones, Vasconcelos se encuentra en Mazatlán, pero no con la intención de esperar ahí los resultados de la elección, que sabe perdida de antemano, sino para iniciar los preparativos del movimiento armado. A las diez de la mañana sale rumbo a Guaymas, bajando en la estación Díaz, en Sinaloa, para votar. En una de las últimas estaciones del estado de Sinaloa, le entrega a su acompañante, Miguel Ángel Beltrán, un telegrama dirigido a su partido y a los diarios en el que se declara Presidente Electo, al lograr, dice el texto, "una abrumadora mayoría" a su favor. En Empalme lo esperan los ferrocarrileros, que lo escoltan para seguir a Guaymas, donde es recibido por un coronel de la guarnición de la plaza y desde ese momento un grupo de militares se instala en el vestíbulo del hotel, pendiente de todos sus movimientos. Todo el día recibe visitas, pero no llega noticia alguna del progreso de los levantamientos que debían iniciarse incluso antes de conocerse el cómputo oficial, con objeto de ganar tiempo. Por telégrafo es informado de los fraudes cometidos por toda la república, y de los muertos y heridos en la capital y otras ciudades importantes.

En efecto, el fraude se consumó por medio de las técnicas más burdas y Pascual Ortiz Rubio es declarado Presidente Electo ante el estupor general.

El día de las elecciones, las tropas del ejército se apostaron en las ciudades que tenían un alto índice de vasconcelistas y patrullaron las calles; principalmente en el Distrito Federal, Guadalajara, Toluca y Oaxaca; según cuentan los que lo vivieron, el fraude fue escandaloso.

En muchos lugares no se distribuyeron papeletas de voto. Se supo de un importante número de casetas electorales que nunca se instalaron o se instalaban en lugares lejanos para confundir a los votantes. Se falsificaban votos, se cerraban las urnas varias horas antes de que terminara la jornada. En otros lugares, hechos como los anteriores estaban acompañados de asaltos armados en los que desaparecían las urnas llenas. Se sabe que en aquellas escasas casetas que funcionaban normalmente, Vasconcelos triunfó en razón de siete a uno, lo cual, por estadística, nos hace pensar en la magnitud del fraude. Las cifras oficiales le otorgaban a Vasconcelos la ridícula cantidad de poco más de ciento diez mil votos, contra casi dos millones de votos del triunfador, Pascual Ortiz Rubio, cuando se tenían los datos estadísticos de que simplemente en los mítines vasconcelistas se reunía un número mayor de personas que las que supuestamente votaron a favor. El día de las elecciones, los vasconcelistas permanecieron en Guaymas, junto con su líder; era el 17 de noviembre de 1929. Todo parecía indicar que la revolución maderista resurgiría para exigir de nuevo el sufragio efectivo.

26

El Plan de Guaymas

Durante dos semanas, Vasconcelos permanece en Guaymas en espera de algún brote rebelde que le permita determinar los cauces de acción, pero lo único que recibe es un telegrama del general Bouquet, quien le sugiere que salga del país. Al día siguiente sale para Nogales y al llegar a los Estados Unidos declara: *No me han derrotado, me han defraudado. He sido un rehén en poder del gobierno. Volveré al país tan pronto haya una partida de cien hombres armados que me haga respetar como Presidente Electo.*

En San Antonio da a conocer el "Plan de Guaymas", probablemente con muy poca esperanza de que llegase a causar más efecto que el de un dato en los libros de historia de México:

> *I. Se declara que no hay en la República más autoridad legítima, por el momento, que el C. licenciado José Vasconcelos, electo por el pueblo en los comicios del 17 de noviembre de 1929, para la Presidencia de la República. En consecuencia, serán severamente castigadas todas las autoridades, inclusive los miembros del Ejército, que sigan prestando apoyo al gobierno que ha traicionado el objeto para el que fue creado.*
>
> *II. El suscrito Presidente Electo rendirá la protesta de ley ante el primer ayuntamiento libremente nombrado*

que pueda recibirla en la República y desde luego se procederá a organizar el gobierno legítimo.

III. *Se desconoce a todos los Poderes de facto, así a los de la Federación como a los de los Estados y Municipios, que desde hace tantos años han venido ensangrentando al país, robando el tesoro público y creando la confusión y la ruina de la Patria, y que han pretendido burlar el voto público en la elección presidencial última.*

IV. *El ciudadano que en cada uno de los estados tome el mando de las fuerzas que expulsarán a los detentadores del poder público, se hará cargo interinamente del gobierno local y procederá a organizar éste de acuerdo con la Constitución Federal, con la de la entidad federativa de que se trate y con las demás leyes en vigor, a reserva de que sus actos de gobierno reciban la ratificación del Presidente legítimo de la República y de que éste confirme su investidura, la que no por ello perderá su carácter provisional.*

V. *El pueblo designará libremente en cada municipio a los ciudadanos que deban encargarse de la Administración Municipal. El Presidente Electo se dirige ahora al extranjero, pero volverá al país a hacerse cargo directo del mando tan pronto como haya un grupo de hombres libres armados que estén en condiciones de hacerse respetar.*

Hágase circular y cúmplase. Dado en Guaymas, Estado de Sonora, a 1° de diciembre de 1929.

La mayor esperanza de Vasconcelos para que estalle el movimiento armado descansa en los que actúan en el Estado de Sinaloa, y en particular el general Bouquet, pero él no logra mover ningún núcleo importante con el que iniciar el movimiento, por lo que decide pasar a los Estados Unidos por Nogales, pero antes de lograrlo es denunciado y aprehendido, y por órdenes del general Amaro, ministro de Guerra, es fusilado el 18 de diciembre de 1929.

La muerte del general Bouquet representa para Vasconcelos un fuerte golpe, pues en él se depositaban sus esperanzas de iniciar una verdadera rebelión, a pesar de la tibieza que, en general, se presentaba en el país.

Por todos lados se despliega la fuerza del gobierno para reprimir todo acto de reivindicación vasconcelista. Las noticias en general son desalentadoras y no se percibe ningún intento serio de revolución. En la ciudad de México es cateado el despacho del licenciado Román y aprehendidos varios amigos de Vasconcelos, señalándolos como conspiradores, entre ellos al poeta Carlos Pellicer y al licenciado Salvador Azuela. En Tampico, principal baluarte del vasconcelismo, son aprehendidos y enviados a México los principales líderes. El hecho más grave sucedió en febrero de 1930, cuando aparecen colgados entre treinta y cuarenta cadáveres de militantes vasconcelistas en un paraje cercano al pueblo de Topilejo.

Ante esta situación, un grupo de amigos, entre ellos Gómez Morín y el ingeniero Garfias, le sugieren aceptar la derrota y regresar a México para organizar la oposición y prepararse para una futura lucha democrática. Vasconcelos se niega terminantemente a tomar esta actitud, pues la considera una forma de claudicación, y más que eso, una manera de hacerle el juego al gobierno del caudillaje, legitimando su poder a partir de una fuerza opositora que estaría destinada a ser siempre vencida por la vía de la represión y el fraude electoral.

Sobre esto, Vasconcelos reflexiona:

> *...Tal es el plan de Monrow. Y no lo sigo, no porque sea de Monrow, sino porque creo que el país necesita la limpia de una revolución, y porque nuestras revoluciones son el único medio de progreso democrático, dado que los gobiernos son desleales y no emplean otra razón que la fuerza...*

De haber atendido a mis conveniencias, de ahí salgo para México, bien expensado con dinero limpio y para dedicarme a la cómoda tarea de la prédica impersonal y doctrinaria. Los del gobierno hubieran sido los primeros en alabar mi abnegación. La misma facilidad de esta solución me provocaba asco. Por fortuna, vi claro que no se debe confundir la acción política con la cátedra. Mis adversarios habían pretendido hacer de mí un maestro de los jóvenes, un predicador de futuro, como si mi actuación en la política hubiera comenzado en la Universidad. Nunca fui ni siquiera catedrático de nuestra Universidad y cuando pasé por ella, como rector, actué como político que reforma y organiza de nuevo, no como Decano, que dentro de la Universidad elabora un futuro. Además, estábamos lanzados, y no era el momento de cambiar de táctica. Seguía los pasos de Madero y de todos los que han hecho algo en la política nacional y no procedía a hacer ensayos, estando comprometida la vida de muchos ciudadanos, habiendo caído ya tantos mártires... Prefería, les dije, ser el caudillo derrotado de un nuevo plan, entre los cien planes de nuestras revueltas, y no un prófugo de mi propia trayectoria, uno que devolvía sonrisas en pago de ofensas, pues para todo aquello que me proponían hubiera sido forzoso que declarase a los asesinos que habían creado a Ortiz Rubio. Antes, el destierro para siempre... y decidí: Perderé la Patria, pero no el honor. Si el pueblo se mantenía en parálisis, si nadie me seguía, nadie tenía tampoco el derecho de decir que yo había desistido en el momento crítico. La hora en que todo se derrumba, es la hora de las decisiones intransigentes, no la hora de cambiar los planes. Y nada valía el pretexto de preparar el futuro, porque el futuro es hijo del presente y el presente iba a empeorarse, iba a ensuciarse a mi regreso pacífico a una patria ensangrentada y escarnecida. Por lo menos, la protesta viva de mi abandono y vilipendio en el extranjero, sería jirón de la honra desgarrada de los mexicanos, mientras hubiese una capaz de saber de honor.

27

La muerte de Antonieta

Después de una jira por Centro y Sudamérica, donde dicta una serie de conferencias, viaja a Nueva York, donde se ha instalado su familia, y pasa con ellos la navidad de 1930. Dedica el mes de enero de 1931 a trabajar en su libro la *Ética*. Después va a París, respondiendo al llamado de Antonieta Rivas Mercado, quien se ha ocupado de la organización de una nueva época de la revista *La Antorcha,* misma que habría de publicarse desde París, contando con el apoyo del gobierno francés.

A los pocos días de haber llegado a París, ocurre uno de los hechos más dolorosos en la vida de Vasconcelos, pues Antonieta se quita la vida en el interior de la catedral de Notre Dame, utilizando una pistola que había sacado de una de las maletas de Vasconcelos. Vienen las averiguaciones en la comisaría; la espera de las instrucciones de la familia de ella en México, y finalmente el sepelio, que preside Vasconcelos, recibiendo todas las facilidades del cónsul de México, Arturo Pani y con el apoyo de su amigo Deambrosis. En el acta levantada en la comisaría se asentó como causa del suicidio: "Perturbación mental momentánea, ocasionada por dificultades matrimoniales".

Desde la campaña de 1929, Vasconcelos se había enamorado de Antonieta, una mujer culta e inteligente que se había entregado con pasión al hombre y a la causa. Ella era hija de un importante arquitecto que había servido al régimen porfiriano y que había acumulado una gran fortuna, parte de la cual había heredado Antonieta, destinándola a la campaña. Había estudiado en Europa y muy joven contrajo matrimonio con Blair, un rico norteamericano, con quien había tenido un hijo, de nombre Donald. A causa del adulterio, de todos conocido, ella había perdido la custodia del niño, pero lo había raptado y lo tenía viviendo con una hermana en Francia. Su fortuna se había perdido ya, su actitud era mal vista por su familia, su círculo social en México y el propio Vasconcelos se mostraba distante. Tal vez todo ello le produjo una crisis existencial de fatales consecuencias.

Según una versión literaria de la época, fueron muchos los que, con el tiempo se culparon de causar directa o indirectamente esa muerte. En 1939, al publicar *El proconsulado,* Vasconcelos recuerda con dolor ese acontecimiento, y dedica el libro a la memoria de Antonieta. En su diario, justo antes de llevar a cabo su suicidio, Antonieta se refiere al impacto que su decisión tendría en su amante: "Se conmoverá profundamente y seguramente no me olvidará", lo que indudablemente se cumplió.

No podemos saber si el propio Vasconcelos sentía alguna responsabilidad moral por lo sucedido, pero definitivamente podemos estar seguros de que ese hecho cerró trágicamente un periodo que de por sí resultaba amargo para el filósofo, quien tardó mucho tiempo en reponerse, en caso de que realmente lo haya conseguido.

28

Activismo filosófico

Pero el tiempo sigue su marcha y se hacen los preparativos para editar *La Antorcha;* se toma contacto con la imprenta, se preparan originales que ya se tenían adelantados, y a principios de abril de 1931 aparece el primer número que es distribuido con éxito en Centro y Sudamérica, pero desde un principio se presentan algunas dificultades en el correo de México que hacen una distribución tardía e incompleta. El 15 de marzo de 1931 el joven escritor chileno Labarca publica una entrevista en la revista *Revue de l'Amerique Latine* que lo acerca más a los grupos latinoamericanos y pronuncia una conferencia en la Sorbona, presentando el proceso de las elecciones en México, la ayuda que Morrow dio a Calles para consolidarlo en el poder y todos los pormenores de la situación mexicana en aquellos momentos.

En 1931, publica en Madrid su obra *Ética,* que es bien recibida por la crítica española, por lo que decide trasladarse a España y publicar desde ahí la revista, al mismo tiempo que podría dedicarse a escribir. En aquellos tiempos recibe a su hija, a su yerno y a su pequeña nieta, viviendo juntos en Madrid, para después trasladarse a un pequeño pueblo llamado Somió, en Asturias, probablemente con la idea de reducir costos y también encontrar tranquilidad, pues en ese pacífico refugio trabaja en su *Estética,* en *La so-*

nata mágica y el *Ulises*. En 1932 se suspende la publicación de *La Antorcha*, por incosteable. En México la situación política sigue siendo inestable. Ortiz Rubio, el presidente impuesto por Calles, renuncia a su cargo y se abre un complicado proceso para restaurar el poder, todavía bajo la dirección del Jefe Máximo.

Desde Somió, Vasconcelos sigue en contacto con los pocos amigos leales que le quedan en México y no deja de incitar a la rebelión armada, pero muchos de sus compañeros del 29 le han vuelto la espalda, al grado de que, en 1933 Vito Alessio convoca a un asamblea del Partido Nacional Antirreeleccionista en la que se expulsa a Vasconcelos del Partido, por considerarlo iluso y prácticamente desequilibrado. Alejandro Gómez Arias, en un artículo publicado en *El Universal* del 8 de julio de 1933, comenta lo siguiente:

> *Para quienes observamos con atención la trayectoria que en el Partido ha trazado un sector de directores, el manifiesto nos parece un paso lógico, necesario, para ese acomodo en la política "realista" por el que pugna desde hace meses la mayoría de la Directiva... Indigna que la unidad política que lo reconoció como jefe, cargue ahora sobre José Vasconcelos acusaciones injustas; le atribuya hechos falsos; enjuicie con ironía senil sus merecimientos intelectuales y le impute actos de cobardía personal en la campaña del 29. El intento democrático fue obra exclusiva del vasconcelismo, así se reconoce hasta cuando se atribuye el fracaso a la "deserción" de Vasconcelos. Esa deserción es simplemente una calumnia sombría. Sabido es que desde Mazatlán, Vasconcelos no pudo moverse libremente, que fue finalmente obligado a cruzar Nogales. La fuga del candidato es una fantasía creada por quienes desaparecieron misteriosamente la víspera de las elecciones.*

A finales de 1933, Vasconcelos, junto con su hija, yerno y nieta, viajan a Buenos Aires, en busca de mejores condiciones económicas, pues se le ha invitado a dar conferencias en la universidad, además de que una editorial argentina le ha encargado la preparación de un libro sobre su experiencia educativa en México, al que titula *De Robinson a Odiseo.* Comienza a difundir sus memorias por entregas en periódicos de Latinoamérica, pero con ello va cambiando la estructura de su relato, que más tarde publicaría con el título de *Ulises Criollo.* Por esa época también, se publica en Chile su ensayo *Bolivarismo y Monroísmo,* donde ataca seriamente a Juárez, la Reforma y el Liberalismo, considerándolos como punta de lanza de la política hegemónica de los Estados Unidos en México y América Latina.

En aquellos tiempos considera la posibilidad de establecerse en Ecuador, donde aparentemente podía lograr mayores ingresos, pero no lo consigue y encamina sus proyectos a trasladarse de nuevo a los Estados Unidos, cerca de la frontera de México, pensando, por noticias que recibe, en la posibilidad de un movimiento armado, del que sueña ser el dirigente.

El 6 de febrero de 1935 desembarca en Nueva Orleans, donde pasa dos meses dedicado a la preparación de lo que él consideraba su obra cumbre, la *Estética.* Al tener noticia de algunos levantamientos en México, se muda a San Antonio y distribuye un manifiesto en el que expresa:

> *He venido a ponerme al servicio de la regeneración nacional. Con insistencia he proclamado que no debe otorgarse legalidad alguna a los gobiernos que han sucedido desde la usurpación electoral del veintinueve; por eso señalé como equivocados a quienes tomaron parte en las elecciones del año pasado, sin otro beneficio que desorientar la opinión, creando apariencias de legitimidad en favor de los usurpadores; dividiendo a su vez la oposición unificada en el veintinueve, por el sacrificio y el éxito cívico... En vista de la situación creada por el callismo en todos los órdenes y en vista de que tanto carrancistas*

como callistas han violado sistemáticamente la Constitución que en el año diecisiete impusieron al país; en vista, asimismo, de que con el menosprecio de esa Constitución, los hombres del callismo se han convertido en latifundistas y grandes propietarios; en vista de que los anhelos del nacionalismo patrio están bastardeados; en vista, asimismo de que las únicas disposiciones constitucionales aplicadas con rigor son las que persiguen y aniquilan a los católicos mexicanos; en vista de que la Constitución del año cincuenta y siete, válida en cuanto a los derechos del hombre se halla anticuada en lo económico, puesto que motivó la destrucción de las comunidades indígenas y también por su fanatismo antirreligioso ha perpetuado la discordia entre los mexicanos; se declara que tan pronto como las fuerzas nacionales de la regeneración ocupen la mayor parte del territorio nacional, se convocará a elecciones para Asamblea Constituyente. La nueva Constitución contendrá preceptos que afirmen las garantías políticas de todos los pueblos cultos, poniendo en primer lugar la libertad de conciencia, la libertad de imprenta. Sostendrá los derechos del campesino, del pequeño propietario y del ejidatario, librándolos de los abusos actuales; cuidará también de englobar y afirmar todas las conquistas que en materia obrera y sindical ha logrado la Revolución.

Esta postura combativa tiene su origen en el radicalismo que en esos momentos manifiesta el gobierno de Lázaro Cárdenas, llevado al extremo por su ministro Garrido Canabal, lo que hace que nuevamente se agudice el problema religioso, además de que en ese momento se encuentra ya configurada su afinidad con los modelos de la derecha radical europea, en especial con el fascismo italiano, cuya influencia en México es ya una realidad creciente, por medio de los grupos de "camisas negras", ligados con la Acción Católica mexicana. En Nueva Orleans Vasconcelos tiene pláticas con diversos prelados católicos y delegados de la Liga de la Defensa Religiosa, y en San Antonio se reúne con monseñor Manríquez, obispo de Huejutla, con quien discute con toda seriedad el asunto de la rebelión.

En estas circunstancias, una vez más interviene el Departamento de Estado norteamericano, logrando nuevos "arreglos" entre el régimen de Cárdenas y las jerarquías católicas, de manera que se suaviza la represión gubernamental en contra de los católicos, con objeto de desactivar la tendencia al uso de la violencia.

Hasta San Antonio llega la noticia de la expulsión de Calles por parte del gobierno cardenista, al pedirle los periodistas su opinión al respecto, Vasconcelos contesta:

—Es muy lamentable que mi país haya logrado deshacerse de un tirano por medio de la traición de quien era como su hijo. Debimos derrocarlo lealmente y después de enjuiciarlo, colgarlo de un poste en la plaza pública.

—Bien, pero del futuro, ¿qué opina usted? ¿Cuáles serán las consecuencias?

—Haga usted de cuenta que tenemos de presidente a un agente de tránsito; su cultura no pasa de ahí; pero como, además, no tiene mucha inteligencia, podría manejar el tránsito de una esquina de los arrabales, pero puesto a dirigir la circulación en el cruce de los caminos, lo que va a producir es un taponamiento de todas las actividades, verdaderamente catastrófico.

—¿Conoce usted la personalidad del nuevo jefe de los mexicanos?

—Bien poco, porque la suerte de Calles es la de aquel emperador romano que hizo cónsul a su caballo. A Calles lo ha tirado su propio caballo.

29

El pacto con el diablo

Después de ser expulsado del país, Calles no se queda indiferente, por lo que piensa en Vasconcelos como medio de venganza en contra de quien lo había traicionado. Así que, por conducto del general José María Tapia y un hermano del yerno de Vasconcelos, Francisco Ahumada, se concerta una conferencia de los dos personajes, la que se realiza en la casa del citado general Tapia, cercana a Los Ángeles.

Desde un principio, la entrevista es cordial, y la inicia Calles en los siguientes términos:

> *Hemos sido, durante muchos años, unas veces amigos y otras veces enemigos, y ahora nada impide que hablemos como hombres... Usted sabe lo que significa el poder en nuestra patria; ahora estoy viejo y dedicado a mis hijos, no tengo ambición personal de ningún género; veo que el país va a la ruina con esta gente; pero no quiero intervenir, sólo busco mi venganza. Es necesaria para que otras gentes puedan hacerse cargo del futuro del país... Le digo a usted todo esto para que no crea que si el día de mañana ejerce usted en México la autoridad a que tiene derecho, voy yo a pedirle nada. Nada necesito. Mi carrera en México ha terminado. Pero es mi deber colaborar para que esta gente de ahora sea echada del mando... De distintas*

zonas del país, diversos comandantes me mandan el aviso en este sentido. No he querido movilizarlos hasta ahora, porque ello beneficiaría al general Cedillo, que tiene ambiciones y nada más está estorbando. Yo le he mandado decir que lo harán pedazos porque él no es una bandera política. Pero hay que estar preparados para el momento en que desaparezca Cedillo... Usted perdió en el 29 porque le faltó la fuerza. Tenía usted la popularidad y es todavía el único que podría recobrarla con que sólo se presente una oportunidad cualquiera. Yo tuve la fuerza y creo seguirla teniendo. Mi plan actual es este: mover el ejército para que derroque a Cárdenas y establezca un gobierno a cargo de un Triunvirato Militar. Lo primero que haría ese triunvirato es convocar a elecciones y en ellas, es claro, usted tendría el triunfo asegurado.

La respuesta de Vasconcelos es clara y categórica:

Debo corresponder a su franqueza y le digo que en esta lucha en que yo estoy en contra del canalla que gobierna el país, me creo obligado a aceptar cualquier ayuda, así me la ofrezca el diablo. De suerte que acepto.

Con aquel peculiar "pacto con el diablo" en la mente, Vasconcelos se traslada a Nueva York para contactar con sus amigos y recabar informes sobre la situación política en México, visitando a su amigos Fred Leighton, el ingeniero Garfias y Rafael Zurbarán quien se encuentra en Nueva York por encargo de Cárdenas, para tomar información acerca de la situación petrolera, lo que resulta de particular importancia para Vasconcelos, pues le aclara una de las situaciones políticas clave en ese momento, la expropiación petrolera. El ingeniero Garfias le aclara la comisión de Zurbarán:

Está ayudando al gobierno; trae todo un plan para la expropiación de las compañías. Será un disparate, el gobierno nunca llegará a administrarlas bien... No ve usted que el gobierno Yanqui lo que está buscando es que Cárdenas le eche a los ingleses de la zona de Poza Rica, potencialmente una de las mejores del mundo. Por su parte, las compañías norteamericanas, fatigadas con huelgas y dificultades de todo género, con gusto verán que el gobierno se convierta en administrador. Saben que fracasará, pero por lo pronto, las cantidades que tendrá que pagar por indemnizaciones les resuelven los problemas inmediatos... Una nacionalización apresurada podrá satisfacer por lo pronto la patriotería demagógica, pero a la larga será ruinosa para nuestra industria petrolera. Por supuesto que me sospecho que en todo esto, más que intereses económicos, se ventilan cuestiones políticas. El presidente Rooselvet está preparando la guerra. Los ingleses de Poza Rica le estorban; no va a pelear para defenderles sus yacimientos... Ya sabe usted... y de buen humor se rió el ingeniero Garfias... "América para los americanos".

Meses después de consumada la expropiación petrolera, el embajador Daniels declara su sorpresa por el suceso y Vasconcelos, en uno de sus artículos semanarios en la revista *Hoy* comenta que...

Mis informes personales parecían ser más verídicos que los del señor embajador, pues yo había conocido el texto del Decreto de Nacionalización en Nueva York, muchos días antes de que se publicara en México. Fuera de este escrito mío que se propuso revelar lo que realmente acontecía – el acuerdo Roosevelt-Cárdenas – para echar fuera las compañías inglesas, la prensa toda del interior de nuestro país mantuvo al pueblo en una borrachera patriótica que hacía de Cárdenas un segundo Hidalgo, el autor de "la independencia económica de México..."

La euforia patriótica que produjo la expropiación del petróleo hacía prácticamente imposible el cumplimiento de la venganza de Calles y el encumbramiento de Vasconcelos, pues el gobierno de Cárdenas logró una inusitada solidez, primero con los arreglos para suavizar la intolerancia religiosa, y más tarde, como golpe maestro, la expropiación petrolera.

30

El fin de todos los exilios

Para estar más cerca de sus nietas, hija y yerno, quien funge ya como magistrado en Hermosillo, se traslada a Nogales, Arizona, donde se dedica a escribir su *Manual de Filosofía* y preparar el tercer volumen de sus memorias: *El desastre*. Intempestivamente le llega un comunicado del Departamento de Inmigración de Washington dándole veinte días para salir del país o renovar el permiso de residencia pasando a México y recabar visa de un Cónsul mexicano. Vasconcelos toma esta actitud como un acto de hostilidad hacia su persona y decide regresar a México, no para renovar su visa, sino para vivir en su patria. Así que sin mayor preámbulo, empaca sus escasas pertenencias y manejando su coche cruza la frontera; una vez en territorio nacional se traslada por tren hasta Hermosillo, para reunirse con su familia. En Hermosillo sigue dedicado al trabajo intelectual y a principios de 1939 un grupo de sonorenses le propone organizar la Universidad del Noroeste, ofreciéndole la rectoría de la misma. Acepta el plan y se pone a trabajar en el proyecto, pero a causa de algunas intrigas de colaboradores, renuncia a su gestión y se dirige a la ciudad de México, donde llega en el mes de agosto de 1939, instalándose en su casa en construcción en la calzada de las Águilas. Establece su despacho profesional en la calle de Palma. Un año después es nombrado director de la Biblioteca

Nacional y se convierte en uno de los miembros fundadores del Colegio Nacional, constituido por iniciativa del licenciado Octavio Béjar, Secretario de Educación Pública en el régimen de Ávila Camacho. En noviembre de 1946 es nombrado director de la Biblioteca México. Desde entonces las actividades de Vasconcelos se estabilizan, repartiéndose entre la dirección de la Biblioteca, la preparación de su último libro de memorias: *La flama*, sus artículos en diarios y revistas, sus conferencias en el Colegio Nacional y su participación en varios grupos filosóficos y literarios. En esa época realiza tres viajes a Argentina, invitado por el presidente Juan Domingo Perón, y en su postrer viaje a España le otorgan la condecoración "Isabel la Católica".

A finales de 1942, la Secretaría de Educación Pública decide organizar un Congreso Nacional de Educación, y nombra a Vasconcelos presidente del comité organizador del mismo. Este congreso es inaugurado en el Palacio de Bellas Artes el 11 de enero de 1943, y en su brillante discurso en esa ceremonia diserta sobre lo que debe ser la educación en el hombre y finalidades que ha perseguido en todos los tiempos, así como que en un futuro cercano será mayor su carácter social y aun socialista.

> *... La palabra "socialismo" puede resistir al manoseo a que la han sujetado indoctos y sectarios; educación socialista, en el amplio sentido, eminentemente cristiano y humano, en el sentido auténtico, nos habla de un tipo de educación que perpetúe una sociedad sin privilegios para los astutos y los malvados y que en cambio otorgue seguridad plena a los humildes y desvalidos, a los enfermos y a los inválidos, a los niños y a los ancianos... Añadiremos para concluir que suscribimos la doctrina que el ministro de Educación Véjar Vázquez ha inscrito en su programa, doctrina que reemplaza la vieja escuela del rencor que nos tuvo divididos en bandos irreconciliables, con la*

nueva escuela del amor, que tiende a convertirnos en pueblo homogéneo, unido y fuerte.

Vasconcelos queda viudo en 1941, y en 1943 contrae matrimonio con la pianista Esperanza Cruz; fruto de esta unión es su hijo Héctor. Este matrimonio no resulta armónico y al poco tiempo se divorcian, quedando el niño en custodia de la madre, con lo que Vasconcelos se traslada a vivir con sus hijos Herminio y Carmen en la casa de la avenida de las Águilas, en Tlacopac.

En el mes de agosto de 1955 es invitado para hablar en el XXI Congreso de Estudiantes, en Monterrey, donde reafirma su último desarrollo en cuanto a filosofía política; de su discurso destaca lo siguiente:

> *Mi deuda con la juventud es ya larga y cuantiosa. Los estudiantes comenzaron a ser mis amigos cuando, arrojado yo del ministerio de Educación por las circunstancias políticas del país, muchos de mis amigos correligionarios se dedicaron a negarme, sin duda por el bochorno que les causaba el no decidirse a secundar mi protesta contra los crímenes gubernamentales y mi consiguiente ruptura con el régimen... Después de bregar juntos, nosotros y la juventud, todos por igual padecimos las consecuencias de la fuerza bruta y el fraude que dieron el triunfo a los malvados y al mismo tiempo destrozaron el principio fundamental de la Revolución, el que postula la efectividad del sufragio. Con nuestra derrota, el progreso político del país quedó frustrado por varias generaciones... Mi buena fortuna ha querido que una vez más me hayan hecho su huésped, y me siento aquí en la situación del viejo amigo que sonríe a las caras conocidas de los años recientes, y procuro adivinar en los rostros de los delegados nuevos, que por primera vez se presentan a un congreso, los gérmenes anímicos que integrarán mañana el pensamiento nacional en su plenitud. Todos son la reserva que ha de*

proteger, amparar y dar el triunfo a lo que aquí proyecten con sinceridad y decisión... Nuestra inclinación se manifestó terminantemente a favor de un socialismo cristiano inspirado en las versiones de Tolstoi y Dostoievski. Los maderistas condenábamos la política de liberalismo burgués que había producido el latifundio, el positivismo favorable a los llamados "aptos", con desprecio de los "ineptos" que constituían el pueblo, y al mismo tiempo, vedaba a las personas morales la administración de bienes raíces, con lo que hizo imposible la existencia de fundaciones de orden educativo y de beneficencia... En México también, la doctrina que halló expresión en los programas educativos de los años 20 al 24, mantuvo la reforma social dentro de los cánones de amor al prójimo y halló, desde entonces, la inquina sorda de los que insisten en tomar a Poinsett de precursor, si no es que también de abanderado, y pese a que su política nos ha convertido en factoría del imperialismo y, en el orden moral, en satélites de la doctrina que acabó con nuestro imperio español y con las formas de la cultura tradicional latina... Pero desde entonces juzgábamos que era menester que nuestra patria conquistase la armonía interior, indispensable a su progreso. Sin reservas, remitimos al pasado la vieja y estéril pugna entre conservadores y liberales, y procurábamos superarla adoptando las doctrinas vivas de nuestro tiempo. En cuestiones de fondo, no hemos cambiado. Nuestra posición sigue siendo avanzada en lo que se refiere a las exigencias de la justicia social. Pero al mismo tiempo, abrimos el pecho a lo eterno o invocamos el reinado del espíritu... No hay otra alternativa: la democracia cristiana o el marxismo soviético; Cristo o el Anticristo. Cualquier solución intermedia podría dar efectos pasajeros, pero no resolverá problema alguno en lo esencial. Nunca como ahora se había planteado con igual claridad el viejo conflicto que es el eje de la Historia, la pugna secular de Cristo y el Anticristo, en proporciones colosales.

El destino de nuestra nación se acoge a vuestras almas. Forjadlo según el albedrío que es don supremo de la conciencia cristiana. Recordando en cada caso que sólo es fecundo ese albedrío cuando se pone de acuerdo con Dios.

En 1958 se promueve en México la postulación de Vasconcelos para el Premio Nobel de Literatura, aduciendo la calidad y amplitud de su obra filosófico-literaria, con independencia de sus escritos políticos. A esta propuesta se unen varios intelectuales mexicanos y algunos extranjeros, la propuesta pasa inadvertida en esta primera instancia, pero se pensaba insistir posteriormente, pues en muchos casos ha sido necesario insistir por varios años.

Pocas semanas antes de morir le hacen una entrevista en su despacho de la Biblioteca México, y en ella señala claramente su postura respecto de un tema que en esos tiempos resultaba especialmente inquietante; él se expresa de manera categórica:

Ya basta de echarle la culpa a Rusia, cuando la tenemos todos nosotros por haber tolerado tanto. La influencia soviética en México se acaba con unos cuantos ceses en ciertas esferas muy conocidas. Creo que la penetración comunista ha sido intensa, pero no en el pueblo, sino entre los intelectuales, que a menudo tienen que tomar el color que les impone quien da los empleos... Al comunismo hay que combatirlo desde arriba más bien que entre la masa, que es bastante inteligente para haberse dado cuenta ya de que esto de Rusia es burocracia, burocracia totalitaria. No hemos sido nosotros ajenos a este sistema que es fruto del liderazgo, de la demagogia y de la corrupción, pero no de doctrina, ni siquiera de pobreza generalizada. Pues ya se sabe que la extrema pobreza no produce revoluciones, sino esclavitud.

Desde tiempo atrás, Vasconcelos padece del corazón y en una de sus crisis llama su amigo el padre Brassard con quien se confiesa. En esos días también asiste a los ejercicio espirituales que daba el jesuita Alfonso Costiello y asiste a la toma de los votos que como monja hace su nieta Teresa. Con base en estas muestras de religiosidad, unos tres días antes de su fallecimiento, José Chávez González, director de la revista católica *Señal*, le hace una entrevista, en la que le pregunta:

—¿Se puede hablar de una conversión?

—No, esto lo he explicado muchas veces. Pude haber incurrido en desviaciones y aun en herejías, pero nunca renegué del cuerpo central de la Doctrina... Como ya le dije, yo no soy un converso, sino como me calificó el padre Martínez, agustino chileno, y también nuestro Oswaldo Robles: "un reintegrado a la gracia."

La mañana del 30 de junio de 1959 todavía la ocupa en dictar a su secretaria, pero por la tarde se siente cansado y se recuesta; durante la noche deja de funcionar su corazón y termina la historia de este luchador infatigable.

* * *

TÍTULOS DE ESTA COLECCIÓN

Agustín de Iturbide
Adalberto Martínez "Resortes"
Agustín Lara
Álvaro Obregón
Amado Nervo
Antonio López de Santa Anna
Benito Juárez
Cuauhtémoc
David Alfaro Siqueiros
Diego Rivera
Dolores del Río
El Santo
Emiliano Zapata
Eulalio González "Piporro"
Fidel Velásquez
Francisco I. Madero
Frida Khalo
Gabilondo Soler "Cri-Cri"
Germán Valdés "Tin Tan"
Joaquín Pardavé
Jorge Negrete
José Alfredo Jiménez
José Clemente Orozco
José María Morelos
José Vasconcelos
Juan Diego
Juan José Arreola
Juan Rulfo
Justo Sierra
La Malinche
Lázaro Cárdenas
María Félix
Mario Moreno "Cantinflas"
Miguel Alemán Valdés
Miguel Hidalgo
Nezahualcóyotl
Pancho Villa
Pedro Infante
Plutarco Elías Calles
Porfirio Díaz
Quetzalcoatl
Rosario Castellanos
Salvador Novo
Sor Juana Inés de la Cruz
Venustiano Carranza

Esta obra se terminó de imprimir en abril de 2004 en
Litográfica Ingramex, S.A. de C.V.
Centeno Nº 162-1, Col. Granjas Esmeralda
México, D.F.

CALIDAD ISO 9000 CERTIFICADA
Certificado No. 02-2082